加爾默羅靈修

凡尋求天主，深感除天主外，
心靈無法尋獲安息和滿足的人，
會被吸引，進入加爾默羅曠野。

星火文化

詮釋聖女大德蘭《全德之路》最精采的20堂課

從祈禱到全德之路

聖女大德蘭研究權威
《與主密談》作者
靈修大師　賈培爾神父◎著
Fr. Gabriel of St. Mary Magdalen O.C.D.
加爾默羅聖衣會◎譯

CONTENTS

目錄

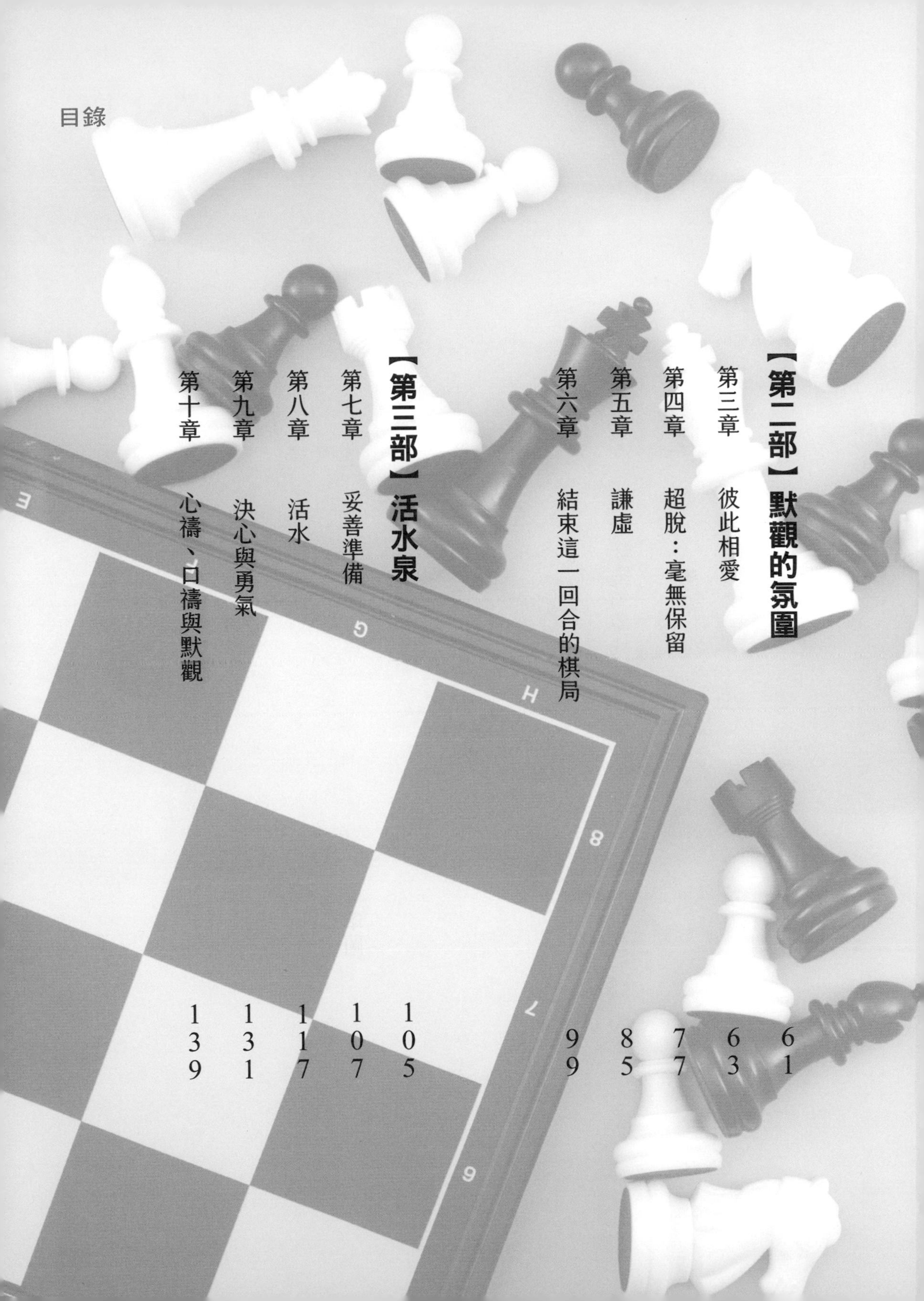

CONTENTS

【第四部】註解〈天主經〉

推薦序一

沒有祈禱，沒有獻身

黃敏正副主教

適值普世教會慶祝獻身生活年①，恭賀賈培爾神父《從祈禱到全德之路》成書問世。正如獻身生活是教會不可缺少的一種生活方式，同樣的，祈禱是我們所有天主子民不可或缺的生活方式。若無祈禱，不可能有獻身生活者；而度獻身生活者若不祈禱，其獻身將搖搖欲墜。

《從祈禱到全德之路》對《聖女大德蘭的全德之路》②做了精闢的註解，依《全德之路》的架構，也就是依聖女大德蘭對修女們靈修談話和訓勉全書四十二章的順序，前三部分概論大德蘭改革修會的理想、達到成全之境的默觀、達到默觀的祈禱，而最後第四部份是屬於註解〈天主經〉的祈求。主耶穌基督向世人提出了一個成為成全的大主子女的理想說：「你們應當是成全的，如同你們的天父是成全的一樣。」（《瑪竇福音》五48）要達到這個理想，

1. 獻身生活年始於2014年11月30日將臨期第一主日，結束於2016年2月2日獻耶穌於聖殿慶日。
2. 《聖女大德蘭的全德之路》，星火文化出版，以下簡稱《全德之路》。

有不同的途徑，概括來說就是祈禱，有口禱、心禱和默觀等。

默觀猶如暢飲活水泉，一方面這是祈禱的理想，來自恩寵，是天主白白的恩賜；另一方面，默觀是事奉天主的一種方式，與教會的使徒生命密不可分，其要求一顆完整的心和全然純潔的愛，因此需要堅持定志地努力操練。各種操練包括彼此相愛、超脫一切受造物、真實的謙虛等，其中特別強調攻克自我之道，猶如雷鳴遠神父（Vincent Lebbe）的「打擊我、打敗我、打死我」的靈修，也雷同於理查・羅爾（Richard Rohr）的著作《踏上生命的第二旅程》（*Falling Upward*）所說的：「多年來我一直祈禱，希望每天遭遇一個像樣的羞辱。」

《從祈禱到全德之路》的最後一部分以九個小節的篇幅專論聖女大德蘭的〈天主經〉註解，以此經文的口禱來修行祈禱神功，由心禱進入默觀，臻於祈禱的核心。對此耶穌親自教導的祈禱文，亞西西聖方濟也以祈禱的口吻加以註解，今抄錄於下以資祈禱：

我們的至聖父，我們的造物主、贖世主、救世主、安慰者。祢在天上，諸天使、聖人中，燭照他們，使他們認識祢，因為，主，祢是光；祢也灼熱他們，使他們愛祢，因為，主，祢是愛；並且祢住在他們內，充滿他們，使他們得享真福，因為，主，祢是無上的美善，永遠的美善，一切的美善出源於祢；沒有祢，一無美善可言。

願祢的名被尊為聖：願我們更加清楚的認識祢，好使我們領悟祢的恩惠有多麼廣博，祢的諾言有多麼長遠，祢的威嚴有多麼崇高，祢的裁判有多麼深邃。

願祢的國來臨：願祢藉著聖寵，為王於我們內，並使我們進入祢的王國內，好能清楚的享見祢，充分的熱愛祢，幸福的和祢在一起，永遠的享有祢。

願祢的旨意承行於地，如於天焉：願我們全心愛祢，常常思念祢；全靈愛祢，常常願望祢；全意愛祢，將我們的意向完全導向祢，在一切之上，只求祢的光榮；全力愛祢，我們的靈魂和肉體的一切力量與官能，完全供祢愛情的驅使，不為其他人或物而使用。願我們愛他人一如愛自己，按我們的能力，吸引一切人熱愛祢；樂他們的樂，猶如自己之樂；同情他們的患難，總不開罪他們。

賜給我們日用的食糧，即祢的至愛子，我們的主耶穌基督：為紀念、領悟、並尊敬祂對我們的聖愛，以及祂為了我們的好處，所說所為所忍受的一切。

赦免我們的罪債：是因祢無言可喻的慈悲，祢至愛子所受苦難的德能，殊福童貞以及所有特選者的功績與轉達。

一如我們赦免我們的負債者：主，如果我們赦免他人不甚圓滿，請使我們為了愛祢，完全赦免他人吧；好使我們真心愛仇，並在祢台前替他們虔誠轉求；使我們對任何人，都不以惡報惡，並在祢內，竭力對一切人行善。

別使我們陷於誘惑：不論是隱誨的、明顯的、驟然而來的或經常煩擾我們的誘惑。

且救我們於兇惡：無論是過去、現在或未來的。

本文作者黃敏正副主教為方濟會士，成長於台南新營天主堂，一九七四年晉鐸，為該堂第一位本地聖召。二〇一三年十月一日起擔任台南教區副主教。

推薦序二

從不喜歡到敬仰

陳新偉 神父

我雖身為加爾默羅的會士，說實在的，並非一開始就喜歡會母大德蘭。不是很喜歡她的原因其實是很簡單的。覺得她不像隱修的修女，太忙碌與外在的「業務」！（編按，大德蘭創立十七座女隱院、十六座男會院）我知道自己開始對她有偏見，或許是來自我對加爾默羅修會認知的偏差所造成。我看到的更多的是會父聖十字若望的寧靜和那種面對苦難時默存心中的神操。

對會母的瞭解，進一步對她產生莫名的敬仰，說實在的，是自己真正開始進入修道的階段。我也可以這麼說，她是會士們靈修階段的一個指標 。一但開始從世俗生活中，充滿渴望修德行的人，開始看到自己是如此被世俗捆綁，而渴望天主仁慈來釋放自己，決志即使小小的犯罪，都希望能夠得到淨化。我就在進入這渴望時，領受到會母的和會父的不同的靈修表達和操練。但都是從同一個起點：祈禱。

祈禱之路是我們的靈魂找回天主之路。是體會信仰中最難理解——主基督真實臨在，聖神觸動，直到對聖三奧蹟的神祕面紗的揭開，祈禱是唯一的方法。因爲那是天主的親自啓示，不能單靠人的理智達成。

做爲祈禱的聖師、教會的瑰寶，聖女大德蘭的祈禱教導成爲了教會的教導，聖女大德蘭不再屬於加爾默羅的了，她進入了聖師大殿，就代表著她是所有教友的大德蘭。這也説明，她所體驗的信仰生命和走向成聖的道路，是真實且動人的。

開始進入祈禱生活的我，逐漸體會所謂靈魂的渴望。靈心城堡內生活在主內的恬靜和超脫讓我掙扎，讓靈魂感受到無比的糾葛。此時此刻，理解到會母修道之路的艱辛，明白她爲這糾葛，身體和靈魂所受的激烈痛苦。當一步一步進入自己生命的軟弱和罪愆的覺察時，我就走入了會母的生命，走進了基督。

原來她的信德是如此活潑的，她的信仰是如此喜樂的。她就好比那風塵僕僕的基督，見證天父的真實，而大德蘭見證基督的真實——與真善美，愛的相遇，讓她以愛還愛，接受靜觀生活的召喚。基督祈禱的身影，成爲她的身影；對天父單獨的相處，獨處和安靜後，再回到人群，成爲她走進基督的途徑。基督的十字架，她背起了。原來祈禱之路，就是如此，最後發現祈禱之路，是修德之路；祈禱之路談的，最後，不再談祈禱的玄妙，而是體現在信德、望德和愛德的操練。

為《從祈禱到全德之路》的出版寫幾個字、幾句話，乃是爲了給那尋求、願意瞭解生命的人——是信友也好，非信友也好。大德蘭的靈修祈禱，進入默觀，體驗主基督恩寵真實臨在的經驗，不但是追求靈修生活的人所喜愛，更是心理學和哲學研究學者，透過這聖人的經驗，嘗試去探索人神關係的奧祕。

這不是高不可攀的、非人可以理解的生命經驗。聖女大德蘭，就是生活的德蘭，正如耶穌也是生活的耶穌。所以耶穌德蘭的「祈禱之路」，你會發現是自我尋找喜樂生命的一本靈修精品、瑰寶。

感謝在聖女大德蘭五百週年慶的系列靈修活動中，以這本書作爲指定輔助本，研讀大德蘭《全德之路》的信友們，願大家能體會真正的祈禱效果，最後找到喜樂的信仰、活潑的德行。

本文作者陳新偉神父，加爾默羅會士，現任加爾默羅聖母堂主任司鐸。

推薦序三

《全德之路》的最佳導讀

蔣祖華老師

這個學年度，我在服務的輔仁聖博敏神學院開了一門介紹大德蘭的課程，用的書本是聖衣會神父瑪利尤震①所著的《我要見天主》，此書的主要架構是依著《靈心城堡》②的七個住所來進行。課程分為上下學期，上學期結束時，我只介紹到靈修生活的第一階段，即前三住所（止於原書的第二部第九章），此時「**靈修生活中的領導權和主動權留給人自己**③」。

下學期計畫要介紹由第四住所開始的第二階段，此時靈修生活的情況和前一學期介紹的第一階段有所不同，「**天主逐步干預人的心靈生活，漸漸除去人靈的主動權，使人完全服從天主，並全心把自己交付給天主**④。」面對這樣的轉變，瑪利尤震神父提到「**初修者應該在修成德行之前，先開始靜禱。而靜禱者卻應該以修練德行來獲得默觀的進步**⑤」，而這

1. 瑪利尤震神父（1894-1967）已於 2016 年被教會列真福品。
2. 《聖女大德蘭的靈心城堡》，大德蘭著，加爾默羅聖衣會譯，星火文化出版。
3. 《我要見天主》，瑪利尤震神父著，台北市：生命之母會，2014，頁 213。
4. 同上。
5. 同上，頁 253。

正是大德蘭在《全德之路》裡的教導。

當我正在思考，想要藉由《全德之路》的教導，來幫助同學進入這學期的課程（由第四住所開始的第二階段）時，我需要面對《全德之路》這個作品的一個困難：大德蘭的寫作目標是清楚的，就是為了教導聖衣會的修女們進入靜觀的祈禱，而需要的準備是德行和祈禱，即「**修行捨棄自我和普通主動的心禱**⑥」。但是，一如她的其它作品，「**時常離題旁論，也沒有依循良好的寫作計畫**⑦」，因此同學們可能無法自行閱讀而受益，反而會置身五里霧中而不知所云。所以客觀的情況是，《全德之路》這本書需要一個良好的導讀，但我也不想把這門課變成詮釋《全德之路》。正在如此思考時，就得到了現在這本書：《從祈禱到全德之路》，它解決了我的難題。

我對這本書真是愛不釋手，覺得它真是《全德之路》的最佳導讀，可以幫助讀者更容易理解大德蘭在《全德之路》的思想。在這本書中，賈培爾神父化身為課堂的老師，按著《全德之路》的進程，循序漸進，閱讀起來宛如置身課室之中，一章就是一節課，如此一章一章地進行，提綱挈領又有條不紊地將大德蘭的思路清晰且簡明的指示出來。比如「默觀的氛圍」這說法就取得很好，饒富趣味地呈現出靜觀多麼需要德行的準備；而「活水泉」的標題也很能幫助讀者體會靜觀對靈魂的益處，即：使信仰「活活潑潑起來」。

有人主張，要接觸大德蘭的著作，由《全德之路》入手比較好，因為《靈心城堡》是

6. 《聖女大德蘭的靈修學校》，賈培爾神父著，台北市：星火文化，2014，頁 113。
7. 同上。

靈修的經典之作，難度較高；而《自傳》⑧個人風格太多，不易理解。相較之下，《全德之路》是為教導修女們的作品，如同母親般的說話，比較容易。我想，這本《從祈禱到全德之路》正好可以幫助現代讀者進入《全德之路》的靈修思想。我已經介紹給我的同學們這本易讀的好書，也很樂意地介紹給更多希望認識大德蘭靈修、想要改善自己生活的朋友們。

本文作者：蔣祖華，臺北輔仁大學神學院神學碩士、義大利羅馬額我略大學靈修學博士候選人，現任輔仁聖博敏神學院教師與靈修輔導。

8. 《聖女大德蘭自傳：信仰的狂喜》，大德蘭著，星火文化。

推薦序四

走上了祈禱之路

黃培聲、羅翠蘭

我生長於教友家庭，出生就領洗了，高中就讀於教會學校，工作服務於教會學校，這一輩子生活在主的氛圍中。當我看到聖女大德蘭在《全德之路》書中寫到，有人「只能唸口禱，且絕大多數的時間都停留在口禱」這句話時，被「電」到了；真的從小到大「唸經」……唸玫瑰經，就自以為是祈禱了，頂多在每一端的前面加入一些「祈求」意向，就覺得自己的祈

△《全德之路》讀書會。編按，讀書會成員手持書本為《聖女大德蘭的全德之路》第一版的封面。二版封面請見本書版權頁前跨頁。

禱下了很大的功夫。被「電」的理由是，我這輩子的祈禱竟是像不間歇敲木魚似的、機械式的唸經而已，「我的天主」祂竟然忍受我這麼多年來的疲勞轟炸。

與聖女大德蘭的相遇，緣起於「新竹新埔天主堂」的教友讀書會，我們一起閱讀《聖女大德蘭自傳》、《全德之路》、《靈心城堡》三本書，大家一起朗讀、聆聽、分享，才得以進入「祈禱」的門，在聖女大德蘭的引領下，讓我認識到「祈禱」的本質，「亦即高舉心神上達天主，以我們的理智和意志接觸祂」〈詳見本書第一〇八頁〉，明白「祈禱的方式」有口禱、心禱、默觀三階段，在生活中努力去修行，讓口禱與心禱合而為一（詳見本書第一四〇頁），如此才有心禱帶領人達到默觀，因著聖女大德蘭的指引才得以感受並明白，「祈禱的果實是天主親密結合」（詳見本書第八十七頁）。

聖女大德蘭用全德之路幫助我們，為我們開啟了靈修生活的一條深邃且廣闊的生命之流，聖女大德蘭用「活水」指導我們領受天主「聖愛的活水」，因此在她的全德之路第二部份解釋祈禱生活的基礎，也就是修持卓越的德行。首先在《全德之路》第二十六章用很淺顯易懂的方式，為一個初學祈禱者指導出很容易就進入「正確合宜祈禱」的步驟，（1）省察自己；（2）設想與耶穌同在；（3）習慣與耶穌在一起；（4）轉身注視祂、效法祂、並和祂說話；（5）不要離開十字架；（6）看聖書；（7）養成祈禱的習慣。當我們「新埔天主堂讀書會」讀到這一章聖女大德蘭的教導時，我們發現到祈禱原來是如此的美妙，

△ 作者全家福。

有順序有步驟、有方法有方向，祈禱之路的入門就在這裡。

「默觀是一份禮物，不是一項權利」（詳見本書第一〇九頁），天主給予這項禮物是按照祂心意，因此聖女告訴我們要妥善準備自己，因為沒有人知道天主何時願意賞賜這份禮物。而導向默觀的道路上必須具有三個德行，就是培養默觀的氛圍：（1）彼此相愛；（2）超脫一切受造物；（3）真謙虛（詳見本書第八十九頁）。從祈禱的基礎〈修持卓越德行〉到預備靈修的狀況，使祈導達到默觀，我們在心靈的準備要有三項工程：（1）要慷慨，用克苦、補贖在靈魂內培養慷慨的精神；（2）要懷有熱烈的渴望；（3）完全順服（詳見本書第一二四頁）。

我們「新埔天主堂讀書會」很自然地呼應到聖女大德蘭在她《自傳：信仰的狂喜》中的教導……修行祈禱前的準備，建立一個相互幫助的團體……，有這樣一個互助團體的支持，我們才能持續的前進，當我們一段一段的朗讀、一章一章的分享，我們得知聖女大德蘭用「活水」來指導默觀與聖德之間的問題。她指出天主普遍地邀請每一個人來到「活水泉旁」，她在文章內的字句中喚醒我們渴望這「活水」，她明確的告訴我們天主將豐富給所有預備妥當的靈魂，我們感受到聖女大德蘭的邀請。當我們讀到聖女大德蘭非常著名的〈天主經〉祈禱的註解時，我們一起和聖女大德蘭陶醉在主基督教導我們的禱詞中，在她的引領下我們一步一步跟隨她走進祈禱的旅程，感動於〈天主經〉中每一節的豐富靈修氛圍內，聖女大德蘭從一開始到靈魂投入天主內，天主讓她自由地暢飲那「活水泉」。我們即便是初學者，閱讀聖書在聖人的帶領下，也能領受到相同的觸動、渴望、親近等之深刻經驗，原來〈天主經〉是可以這麼豐富、這麼有層次、這麼有生命，讀完聖女的教導，開始嘗試慢唸〈天主經〉，真的體悟到唸〈天主經〉是口禱、是心禱、也是默觀。

經由這樣的讀書會，深入聆聽聖女的教導，才能真正地進入每日祈禱的修行，讀完《全德之路》，再看賈培爾神父的註解，才算走對了祈禱之路，遇到困難或不解，還可以反複再讀相關章節，仿佛是聖女大德蘭在身旁親自指導一樣。

黃培聲　羅翠蘭　敬筆 2015/03/02

作者為教友夫妻。黃培聲聖名伯多祿，目前服務於天主教內思高工擔任教師一職，曾任天主教基督活力運動新竹分會主任，目前的教會服事工作協助推廣新竹教區「門徒讀經班」並擔任輔助員。

羅翠蘭聖名大德蘭，目前的教會服事工作，帶領「新埔天主堂、西門街天主堂」大德蘭讀書會，及協助推廣新竹教區「門徒讀經班」並擔任輔助員。

【第一部】

聖女大德蘭的理想

第一章 《全德之路》這本書

聖女大德蘭的所有著作中，沒有一部比得上《全德之路》，她那麼清楚而卓絕地描述與主親密的默觀理想，以祈禱和補贖作為達成使徒的目標。

聖女肩負的使命是教導默觀祈禱之路，復興加爾默羅會的祈禱理想。她具有神祕家的實際性，由於關心少數的幾個人，開始了她革新修會的工作。她的修女們看到她蒙受如此之多的祈禱恩寵，要求她教給她們祈禱……。

雖然大德蘭在她的修會創始了革新，她同時也賦予所有的基督徒一個新的理想。她教導說，默觀的祈禱應該以使徒精神為整個的目標。她的刷新不只結合了祈禱和使徒傳教，也使默觀和使徒合一，因為默觀是一種特別的祈禱，導向與主至極崇高的親密交往。

無疑地，一位默觀者，身為天主的朋友，對祂的聖心是有影響力的；聖女大德蘭的目的是要興起一支默觀的軍隊，協助聖教會。

看到祈禱中的聖女大德蘭，就足以激起人嚮往默觀；為此之故，她的早期同伴們要求教給她們達到默觀的道路。宗徒們向耶穌作過同樣的請求：「**主，請教給我們祈禱。**」（《路加福音》十一1）耶穌答以所求，教給他們〈天主經〉；聖女大德蘭以寫這本書來作答，其中包括註解這篇偉大的禱詞。不用驚奇於聖女如同耶穌一樣地作答，因為聖人們是基督神祕奧體的動力成員，極親密地分享祂的生命。

按聖路加所記載的，而聖瑪竇也有敘述，而且更為詳細，在山中聖訓，耶穌首先教導祈禱的態度，然後是我們應該祈求什麼。

這個態度就是「……當你祈禱時，要進入你的內室，關上門，向你在暗中的父祈禱，你的父在暗中看見，必要報答你。」（《瑪竇福音》六6）當基督教人祈禱時，祂要人安靜退隱，好能善作祈禱。離開受造物，人方能在隱祕中禱告，而父也會在暗中答覆。大德蘭說，天主與心交談，這顆心是祈禱的心，祈禱愈成長，靜默愈深。

然後，耶穌教導我們應該祈求什麼：在此獨居中，這樣禱告：「我們的天父……」

除了〈天主經〉之外，聖女大德蘭還教導了些什麼嗎？她為尋求默觀者而著述，為此，在《全德之路》的第一部分，她解釋多麼需要有所準備，藉著修持姊妹之愛、超脫和謙虛，建立個人的獨居氛圍。「如果妳們求問的是默想，我已經對妳們談過了，也勸導大家修行默想，即使沒有德行亦然；因為默想是獲得一切德行的基礎，也是所有基督徒畢生要修行的。……，然而，女兒們，默觀是另一回事。」（全德之路16．3—4）如同耶穌，她說超脫是必須的，但她這樣說，特別是為了導向默觀。那麼，如同耶穌，她解釋〈天主經〉，且教導如何誦唸它。

開始的幾章中，大德蘭描述默觀的理想，指出這是加爾默羅會士的傳統理想。之後，她教我們修行祈禱，註解〈天主經〉，且以此經文來說明整個祈禱生活。首先，她說，口禱應該是和天主的親密接觸，是信賴天父的親密交往。論及〈天主經〉的第一句話，她指出當耶穌教我們對天主說：「**我們的父親**」時，耶穌所啟發的孩子般的氛圍。「**天上的父**」：在此，她教導收心的祈禱，靈魂由此深深意識到天主居住在她內。收心的祈禱是我們能憑己力達到的最親密的祈禱；在此時，靈魂順從天主的安排。到了寧靜的祈禱，我們的主進入靈魂內，至於結合的祈禱，則吸引靈魂到祂那裡。

「**願祢的國來臨，願祢的旨意奉行。**」聖女回想起，如果我們希望天主藉著寧靜和結合的祈禱占有我們，那麼這兩件事必須相提並論。而如果祂占有我們，祂會把自己給我們。祂經由意志的門進入靈魂內，所以她又說：「**讓我們一次而完全地把珠寶給祂，這是先前這麼多次要給祂的。**」（全德之路32．8）她還提醒我們，給予天主是必會有痛苦的：「**看看這裡，祂給了祂的至愛者什麼⋯祂愛得較多的人，給的這些恩賜也較多⋯。**」（全德之路32．7）當祂看到一個比較勇敢的人時，祂給的痛苦也愈多：「**祂視我們每個人的勇氣而給予，也配合我們對祂的愛。**」達到靈心城堡後面住所的人會把自己獻給天主，天主也報以給出自己更多，此即委順結合（union of conformity）的豐富恩寵。那麼，當靈魂達到完全的自我給予時，天主會占有她。這就是聖十字若望所謂的「神化的結合」。這是大德蘭所描述的與主結合的道路，始於我們意志的給予，及祂逐步地親近我們，以占有我們，且吸引我們到祂那裡。

我們需要有力氣來完全自我給予，因為其中蘊含著痛苦：「求祢今賞給我們日用的食糧」，意即給我們堅強靈魂的食糧。「求祢寬恕我們的罪過」：那些經常與天主親密地生活在一起的人，多麼需要寬恕！陷於許多的小過失是很容易的事，不過，默觀者是極力避免犯小過的人，尤其是愛德方面的過失，及寬恕一些微小的失禮行為。「如同我們寬恕別人一樣」：默觀者不會因為人們不

留意他而被冒犯。而由於我們以脆弱的容器盛裝著寶物，我們需要得到護祐：「**不要讓我們陷於誘惑**」。聖女教導說，抵抗誘惑的安全防衛是愛和敬畏天主（全德之路40章）。聖十字若望定義這個敬畏為孩童的完美敬畏，出於對父的愛（《靈歌》[1] 26．3）。為了不使他的天父不悅，身為天主的子女，他會看著自己要走到那裡，且尋求指導，以免偏離正道。「但救我們免於兇惡」，免於此塵世，走向那唯有美善的國度。然而，即使身處塵世，我們必須具備的心態是極力捨棄自我，聖女說：「**我如此地順從祂的聖意，因此，我既不渴望久活，也不願早死**」，雖然她渴望著天主，尤其當她「**透過格子**」瞥見有個更大的愛等待著她時。「**如果我渴望死，那只在當我內愛火中燒，想要看到天主的剎那時間。**」（靈修見證6）[2]

因此，在聖女大德蘭的著作中，我們有了一部〈天主經〉的默觀註解，指出誠心追求內修生活的人為何必須成為默觀者，或者更好是成為天主的親密朋友，祂是施予聖教會恩寵的天主。

解開不同抄本的身世之謎

聖女大德蘭寫《全德之路》時，她所關心的只是亞味拉聖若瑟隱院，也只寫給這個小小團體，因為她根本沒有想到會有其他的修院。可是，一五六七年修會的總會長神父看到

1. 《聖十字若望的靈歌》，聖十字若望著，加爾默羅聖衣會譯，星火文化出版。
2. 靈修見證 6。西文版本是第六篇，K.K. 譯本則是第 65 號。是 1581 年寫於帕倫西亞（Palencia），記述她靈修生活的現況。

擴大修會的改革確是個有益的善舉時，他命令聖女創立其他的修院。於是同年，她動身前往梅地納，同時帶著她寫的《全德之路》。然而亞味拉的修女們堅持索回這本書，致使聖女另外親筆抄寫一份《全德之路》。為此之故，有了兩份手抄本：一本是寫於亞味拉聖若瑟隱院的，被保存在埃斯科里亞（Escorial），還有其他許多聖女的手稿，而其他的抄本則保存在瓦亞多利（Valladolid）加爾默羅會修院。

第二本的寫成不會遲於一五六九年，和第一本有些出入。相較之下，我們看出來第一本的風格比較親切，第二本則比較準確。不過顯而易見，當聖女寫第二本時，她把第一本放在面前。而由於是她自己的著作，她當然可以隨意更改，按其直覺，她免不了隨著思想的進展而修改。第一本是直接寫給亞味拉聖若瑟隱院的女兒們；現在，她的視野擴大到未來的修院，而且幾乎是不顧慮到她個人自己，她寫給所有渴望活水泉的人。

後來的一些複本上，也有聖女的批閱和簽名，其中有許多仍存留至今。其中有一份未經簽名的抄本（保存在托利多），內有許多重要的修改，因為這份資料被出版者嚴加批評。依凡拉（Evora）的總主教特多尼亞（Don Teutonio de Braganza），是聖女的朋友，很重視她的著作，允諾要修正此書，我們從聖女附在抄本內的信得知此事，聖女還說，這是她們當中一位最聰明的修女預備的抄本。一五八〇年，特多尼亞審閱印刷者的校稿，不過，聖女大德蘭未能親眼目睹其著作的出版，因為這書問世於一五八三年，是在聖女逝世之後。

兩年後出來古嵐清神父主持的第二版本。接著是一五八六年瓦倫西亞的版本，一五八八年出現路易斯・雷翁（Luis de Leon）編輯的聖女著作全集。隨後，聖女的作品廣傳到其他國家，首先譯成法文，再來是拉丁文。直到今日，不斷出現各種新譯文。

大德蘭親筆的手稿（埃斯科里亞、瓦亞多利和托利多）彼此間略有不同。其中瓦亞多利版本編排得最好。雖然它原來有四十四章，但在現代的版本中只有四十二章；托利多手稿在第四章有註解寫道：「這裡不該是一章」，也因為大德蘭從瓦亞多利抄本中撕掉幾頁，就是談到下棋遊戲的那幾頁，先前是在第十七章，所以才變成了四十二章。後來我們將談論大德蘭撕掉第十七章的理由。以後的編者從埃斯科里亞抄本中取出這章重新插入，因為它有助於闡明「全德之路」的觀念。

如果加爾默羅會的改革者親筆寫了兩個版本的《全德之路》，又有其他多份的抄本，且經由她親自審閱，這是因為她認為這本書相當重要。她清楚明瞭其價值，由於切願事事遵循聖教會的教導，她請卓越的神學家們審閱，他們當中有當代的大神學家道明・巴臬斯（Domingo Báñez）。她未來傳記的作者葉培思（Yepes）神父也加以檢視，大德蘭曾坦誠地向這位葉培思神父說，有位神學家告訴她，她的著作「好似聖經」。就是說，讓人感到有神性的氣息！這是謙虛的大德蘭親口說的，謙虛的她知道自己微渺虛無，但也明白天主俯視微小者的仁慈之愛：「我要永遠歌頌天主的仁慈」，這是她最愛的吶喊。在這本卑微的小書中，她不是為自己，而是為她的女兒們寫的，天主幫助了她，她也瞭悟其中有著神性的靈感：不是聖教會承認聖經的那種默啟，不過真的是一種神性的靈感。天主沒有讓她看到這部著作的出版，但是卻賜給了她得到批准和被神學家讚賞的喜樂。

《全德之路》的架構

聖女大德蘭的這本書中，包括了加爾默羅教育的所有因素，以及祈禱生活的各方面。首三章是完全獨立的單元，概論大德蘭改革修會的理想。其餘的部分指出達到成全的道路，邀請旅行者達到活水泉，亦即默觀。

從第四章到十五章，聖女大德蘭談論必須有的倫理基礎，亦即修持英豪的德行，達到完全的超脫和自我給予。此乃發展默觀的唯一氛圍。再下一個部分，十六到廿五章，可以標示為「達到默觀的祈禱」。聖女在此強調二個重點：①）我們必須決心一生尋求活水泉；②）心禱應該經常是和天主的靈性接觸。

第廿六章開始進入特別的單元，註解〈天主經〉的祈求，解釋祈禱的各種等級，直到卅一章，不過，當她寫到願祢的旨意承行時，雖然繼續註解〈天主經〉，她重拾前題，再談應該伴隨祈禱的成全生活，好使祈禱能結出豐美的果實；她繼續以此意向寫完這本書。

PATER GABRIEL A SA MARIA MAGDALENA
ADRIANVS DEVOS
ORDINIS CARMELIT DISCALCEATORVM
REVERE-AVDENAERDÆ
IN BELGIO
XXIV IAN. MDCCCXCIII
ROMÆ
XV MART. MCMLIII

SUOR CARMELA DELLO SPI NTO
ELISA DI ROVASEN
CARMELITANA SCALZA DEL MONASTER PPE IN ROMA
CORONO UNA VITA DI PREGHIERA S POSTOLATO
COL SUPREMO OLO
OFFERTO PER LA CH

第二章　加爾默羅的使徒身分

《全德之路》的首三章聖女大德蘭談論加爾默羅聖召的使徒向度。但她並沒有忽略其傳統的默觀理想：獻給天主一顆充滿愛的心，準備好接受從祂而來的默觀恩賜。她清楚知道這個理想，打從一開始就把它擺在女兒們面前，因為這是她所描述過的全德之路的目標。這樣的作法，她特別顯示出其目標的使徒責任。在她之前，從未如此有力地被人表達過。

今日的加爾默羅會是屬於托缽修會，但其根源則是純默觀的修會。當然，使徒的身分總是有的，不過，當修會到了西方，被列入托缽修會後，修會的使徒責任遂因之而加強。聖女大德蘭明瞭這點，她以教導托缽修會的這個特有德行來回應其要求。

什麼是教會內的托缽修會？它們是除了尋求與天主結合之外，再加上活動生活的修會。它們是採取混合生活方式的修會，按神學的術語來說，也被稱為使徒傳教修會，因為確實是度宗徒們的生活，他們為靈魂們服務時，以宗徒們為模範。方濟會、道明會、奧斯定會、瑪利亞忠僕會（Servites）、加爾默羅會，全都是使徒傳教的修會。它們被稱為托缽修會，因為十三世紀時，它們以新的修會生活方式被導入教會，此一生活方式建基於比以往還要嚴格的貧窮上，甚至在共有的財物上亦然。古時的隱士確實捨棄私有的物主權。可是在共有的財物上，他們擁有相當的產業。托缽修會甚至連共有的產業也放棄，或縮減到最少的程度，為能更自由地照顧靈魂，此乃教會對他們的要求。他們靠教友的捐助，不過，他們也以宣道和施行聖事來服務教友。

托缽修會的這個定義，有助於明瞭《全德之路》的前三章。第一章和第三章直接說到以靈魂和天主結合為基礎的使徒聖召；第三章特別強調使徒工作的近目標：為司鐸、神學家、傳教士、神師等祈禱和作補贖。第二章乍看之下，似乎是離題旁論，實則不然，因為它回到加爾默羅生活的一個基本原則：貧窮，這是使徒生活必須有的部分。

默觀和使徒

第一章的標題：「談論促使我建立這座遵守如此嚴規隱院的理由」，並沒有說出這章的整個內容，只點出最主要的思想，亦即，救靈魂的迫切渴望。換句話說，使徒的理想推動大德蘭，賦予修會嚴格的特質。

加爾默羅會有其隱修的根源，來到歐洲後，因教宗的意願，已經成為一個使徒的修會。經過這個改變後，修會致力於平衡這些不同的因素，建立其修道生活。修會內的多種改革顯示出，如此的平衡確實不容易。

如同加爾默羅會其他的幾個改革，聖女大德蘭是回歸到更專注於默觀的生活；不過，熱愛古時的默觀理想，並沒有使她忘記她的加爾默羅會是個使徒修會。天主賜予她對靈魂的浩瀚大愛，及深切同情生活於罪惡中的人。寫書之前，她曾有過地獄的神見，致使這些情感更加強烈①。所以，當她教導女兒們生活的基本因素時，可以預期的是，她會堅持使徒的身分。

「起初，當我開始創立這座隱院時……我並不想要外表這麼嚴格、又沒有定期收入的隱院；相反的，我盼望有可能什麼都不缺。總之，像我這樣脆弱和卑劣，雖然這樣做是出於一些好意向，而非為了我個人的舒適。」（全德之路1・1）起初聖女大德蘭並沒有多想什麼，只願找些安靜的處所，使她們能更容易默觀。然而有些事發生了……。

「在那時，有消息傳來，我獲悉法國遭受的傷害，路德教派招致的災害，及這不幸的教派多麼快速增長。這些消息使我難過極了，於是，我向上主哭訴，祈求祂使我能補救這麼多的惡事，彷彿我真能做些什麼，又彷彿自己好似什麼人物似的。我覺得，為了拯救那許多失落靈魂中的一個，我情願死千萬次。」（全德之路1・2）這事促使她建立徹底嚴

1. 在此，我們注意一下，當大德蘭說，她願意革新的修會回到原初會規，她指的不是1209年聖雅伯的會規，而是1247年教宗依諾森的會規，因為前一個會規是純默觀的會規，由此可見，大德蘭完全明瞭，現在所組織的加爾默羅會是托缽修會，具有使徒的任務。

格和貧窮的修會家庭。書中有許多章談論這個特質。

我們可以問，聖女大德蘭願意活出的是哪種使徒身分？加爾默羅會士的使徒身分，乃建基於熱心的內修生活，此一生活使靈魂對天主的聖心有強力的影響。這個力量來自完全的自我給予，盡可能成全地度福音勸諭的生活。加爾默羅會士完全獻身於我們的主，毫無保留地把自己獻給祂。徹底、完全、整個的，這些語詞流露出聖女大德蘭的理想多麼崇高，同樣地，我們也可以在聖十字若望的著作中找到這些用語。

要感動天主的心，且幫助靈魂得救，我們必須做的第一件事情是與天主有親密的友誼。這份友誼使一個人的祈禱和補贖很有能力，為此，祈禱和補贖是使徒工作的內在工具。

「我所有的渴望，從過去到現在始終是：既然祂的敵人這麼多，朋友這麼少，這些極少的朋友該是很好的朋友。因此，我決心去做我能力所及的些微小事，也就是，盡我所能徹底完美地遵守福音勸諭，並且使住在這裏的少數幾位也同樣如此。我信賴天主的寬仁慈悲，凡決心為祂捨棄一切的人，從不缺少祂的助祐。而我也相信，如果在這裏的修女，符合我寫給她們的，我所期望的理想，置身於如此豐富的德行中，我的過失就不會太強烈；我也可因此而稍稍取悅天主。」（全德之路1・2）

取悅我們的主，使人成為祂聖心的疼愛者；那時的祈禱真的會具有大能。「當我們全都專心致志為保衛教會者祈禱，為這些保護教會免遭攻擊的宣道者和博學者祈禱，我們就

是盡所能幫助我的這位上主。祂正被那些祂曾善待過的人欺凌。」（全德之路1・2）為此，加爾默羅會使徒傳教的工具是祈禱和補贖，從靈魂對天主的愛中得到她們的大能。

大德蘭在方才的引言中（例如，她願意為誰祈禱），已提出其使徒工作的直接目的；到了第三章，她會更詳細地重提這事。她願意為所有保衛聖教會的人求得最高的恩寵。不過，這些保衛者的存在是為了所有的靈魂，而所有的靈魂則是組成教會的基本成員。所以，她說，她願意為罪人們的歸化祈禱，為靈魂的得救祈禱。「啊！我在基督內的修女們！幫助我向天主懇求這事，這是妳們為何聚集在這裏的緣故，這是妳們的

聖召！這些必須是妳們投身的事業，必須是妳們渴望的事，是妳們流淚的事；這些必須是妳們祈求的對象。」（全德之路1．5）

大德蘭的最初意向，最最重要的，是靈魂的得救。其他的意向並沒有取消，可是其間卻有著極大的不同，世上的事物和特屬加爾默羅的使徒意向是無法相比的。「我的修女們！妳們要祈求的不是塵世俗務。」（全德之路1．5）接著，她深入這個特別話題。她許可為任何的好意向祈禱，甚至為恩人們祈求是一個責任，不過，她敏銳地區別其與前述的特別意向有所不同。「人們來這裏求我們祈禱，向至尊陛下祈求財富和金錢，關於這些事，我嘲笑，甚至為此感到憂傷，我希望有些人會祈求天主賜予踐踏萬物的恩寵。他們有很好的意向，總之，看在他們的虔誠上，我們為他們的意向祈禱，雖然對我自己來說，我不認為，當我祈求這些東西時，天主曾俯聽過我……。」（全德之路1．5）

「老實說，如果我不看人的軟弱——人們因獲得急難時的援助而受安慰（我們能盡力幫助人，這是很好的），要是人們能了解他們如此操心掛慮祈求天主的，不該是這些東西，我是會很高興的。」（全德之路1．6）

「這世界正烈火燎原，人們要再次判決基督……」（全德之路1．5）

聖女大德蘭生活在基督奧體的真理中，她深知在大馬士革的路上，我們的主對聖保祿說的話：「你為什麼迫害我？」（《宗徒大事錄》九4）如同保祿宗徒，她體會到：迫害教會就是迫害耶穌；善待教會，就是善待耶穌，就是發展祂的神祕奧體和使之受光榮。

「我的救贖主啊！念及這些事，我的心不能不感到極度的沉重悲痛。……的確，我主！現今與世隔離的人，並非做了什麼了不起的大事。既然這世界對祢這麼不忠誠，我們還期待些什麼呢？……因天主的慈善，我們免受瘟疫般的癩病，而那些人已經是屬於魔鬼的人了。的確！他們罪有應得，以自己的雙手贏得懲罰，以他們的快樂獲取地獄永火。那是他們的憂慮！然而，看到這麼多靈魂失落，我的心為之破碎。雖然我不能對那無法挽回的罪行過於憂傷，我實不願看到失落的靈魂與日俱增。」（全德之路1・3－4）

大德蘭身處誓反教②崛起的時代中，使徒傳教是非常迫切的，現今的迫切需要要絲毫不亞於那時，我們正處在俗化主義及有組織的無神主義氾濫之中。教會的敵人是強有力的，而且是有組織的。但是教會也有許多熱誠的好友，就是那些能修得大能影響天主聖心的人。

貧窮，才能顧及靈魂

托缽修會度貧窮的生活，為能自由地處處照顧靈魂。事實上，他們所照顧的信友提供他們生活的所需。因此，貧窮和使徒工作之間有著密切的關係，為此之故，《全德之路》中，把第二章（聖女在此專題探討貧窮）放在說明使徒傳教的第一和第三章之間，並非是個離題的插入。

2. 亦即新教，也就是台灣所說的基督教。

她回想福音中貧窮的觀念：顯示出貧窮是多麼值得稱讚，導出其重要性。福音指出超脫萬物獲得自由的道路：「變賣你所有的，施捨給窮人，你必有寶藏在天上，然後來跟隨我。」（《瑪竇福音》十九21）不過，神貧則超過這些。財物使人對未來有擔保；人不能隨便拋棄生活中的安全保障，除非有什麼更好的來替換。若不是人確信天主會照顧他，放棄所有未來的擔保，豈不是像個傻瓜嗎？為此，當我們的主教導我們貧窮時，祂開始談到飛鳥和百合：「你們仰視天空的飛鳥，牠不播種也不收穫，也不在糧倉裡屯積，你們的天父還是養活牠們；你們不比牠們更貴重嗎？」「關於衣服，你們又憂慮什麼？你們觀察一下田間的百合怎樣生長……」（《瑪竇福音》六25—34）大德蘭相信而且確定，如果她的女兒們是為主的利益而操勞的好修女，我們的主必會照顧她們；所以她告訴她們，不要憂慮人們的施予。

關於維持生計，她主張心靈的自由，最重要的，不會憂心焦慮於是否有食物。她要求的極多：絕不要隨從這些小小的本性衝動，它們占有我們如此之多的部分。

聖女大德蘭著迷於頌揚貧窮，她承認自己不懂它。又說：「不過既然人家一直是這麼說的。就讓它依然如此吧！」只要她還活著，她說，她會不停地一再提醒，但是最好還是寫下來，使她的女兒們在她死後仍然記得。

她指出，貧窮的一個益處是對全界具有統治權。世人之間的區別是由財富來衡量的。

今日對勞工價值的承認，確實標示出人類的進步：人們應該因其勞力，而非因其產業而受尊敬。然而，我們的社會仍然遭受此罪惡的損害。榮譽和金錢相隨不離；因而惹起謀求錢財和鑽營騰達的焦慮；聖女大德蘭有很好的理由來頌揚貧窮。她看到此一德行的另一益處是護守靈修生活，保護它免於一切阻礙，使之能飛向天主。因為疏於修行貧窮，往往導致修會失去熱心。

至於最後的益處，她說，修院的貧窮是實行使徒傳教的一個機會，這個使徒身分是她在第一章提及的。修女們應該以祈禱來幫助他人，她們會得到援助，而不必刻意去尋求。天主會打動人心送來生活的必需品。她們應該很感謝天主，以其使徒身分的祈禱和善工來回報她們的恩人。德蘭隱修院內有個習俗，每天晚餐結束，唸出恩人們的施捨後，共同為恩人們祈禱。聖女大德蘭熱切地訓示修女們，要以她們的祈禱為恩人們求得靈性的福祉。這樣做，她們也是愈顯主榮，天主的光榮從這些靈魂的幸福中湧流出來。

為司鐸祈禱

《全德之路》第三章回到加爾默羅會的主要目的：藉著祈求所需的恩寵，幫助教會的使徒傳教。這始於看到使徒工作的最好戰略，及看到司祭職在其中的地位。當大德蘭寫書時，她想的是自己所處

的痛苦世紀，然而，時至今日，獲得靈修勝利的最佳計劃依然不變，人人都確信，基督信仰（Christianity）要贏得這個世界，必須創立一個精選的小團體。在正式的使徒當中，尤其必須如此，因為，雖然在使徒傳教工作上有其他的合作者，他們總是受著正式推動者的感召。時至今日，在俗教友和聖職使徒的合作，比起聖女大德蘭的時代更加強烈。因為那時代的環境對於司鐸是開放的，不像現今的社會，在工廠門口掛著「禁止入內」的牌示，在那些使青年面臨嚴重危險的地方，不准司鐸接近。耶穌基督的正式使徒無法進出這些地方，所有在俗教友的使徒工作必須在此發展。因此，大德蘭渴望為司鐸們所做的，也適用於那些和聖職人員合作的人士。

從中世紀以來，普通一般人已經離開基督愈來愈遠；到了今日，廣大的群眾對於信仰一無所知。所以必須再奪回基督信徒，而這必會要求智慧和德行。和聖女大德蘭一起，我們的目光主要的轉向司鐸。她分別傳教士和神學家，這是個很好的區分。不只那些向教友傳授道理的神父，最重要的，還有勤勉研讀的神學家，他們著書立論，加深信仰，提供給傳教士必須傳授的道理根源，這是傳教士無法做到的。

當我們因人性的限度遇有錯誤時，必須付出如此之多的努力，以獲得真理，這是更為需要的。在聖教會內常有異端邪說，現今就有一些：我們愛想「自己是完全自由」的傾向，這種觀念依舊很活躍。教宗比約十世有效地反現代主義之後，我們以為它已絕跡，然而卻

又死灰復燃，處處感受到其危險。神學家負有很崇高的使命，護守聖教會的祖產完整無缺，展現出教會全部的活力和美麗。他把道理應用在實際的生活情況中，指導所有的靈魂：從剛開始度倫理生活者，到已達聖德高境的人。

聖女大德蘭表達出敏銳的洞察力，她首先注意的是神學家，其次是傳教士。如果好好地宣講基督信仰的教理，必會吸引群眾，然而由於缺乏知識，竟而導致人們不喜歡教會。如此之多的貧窮工人著迷於社會主義和共產主義，因為他們不知道基督聖訓的美麗。

一九三六年在法國，當共產黨員提出和天主教會合作時，彼此間互相交涉，某次有二位共產黨員和一位道明會士一起開會，這位神父拿出「新事」（*Rerum Novarum*）和「四十年」（*Quadragesimo Anno*）二份教宗的通諭給他們。幾天後，他們看完了這些通諭，回來說：「你們是白痴，有如此美的社會道理，卻沒有看到被實行出來。」這些道理知道的人實在太少了，甚至連天主教的平信徒也鮮有人知。若把這些道理譯成工人的言語，講給他們聽，加上有好的生活榜樣時，必會在工人們當中激起真正的熱情。不過這意指著，必須有人先研讀，而後有人傳述給他們。此乃神學家和傳教士的工作。而這是很清楚的，受培育的平信徒愈多，愈能合作，使這些教導能廣揚。

我們說常會有異端邪說的危險，而指出錯誤則需要有博學之士。因此，需要祈禱，使這些人能及時消除謬論。

† † †

司鐸職的崇高使命在於贏得群眾，帶領他們歸向基督，這使聖女大德蘭有理由渴望建立這個特別的預備團體。她指出加爾默羅會隱修女為司鐸祈禱時，要祈求二件事：他們必須「是」聖的，以及在傳教的危險處境中，要保持神聖。

首先，司鐸必須是聖的，因為，一位聖人能完成許多事功，遠超過許多不聖的人。在今日，在司鐸們當中，他們渴望聖德，也渴望得到獲致聖德的有效培育。透過司鐸的聖德，及其必會有的慷慨，耶穌基督把聖德的方法分施給其他的人。耶穌在世時，祂教導，訓練門徒們，且建立聖事，司鐸亦然：教導教會的道理，管理和訓練他的本堂、堂區，或整個教會（教宗）④，他也以靈修指導來訓練靈魂。他施行聖事，從領洗到感恩聖祭。這一切都和他的聖德有關。一位神聖司鐸的宣道會打動人心；一位有光照的指導神師會使靈魂認出天主的旨意；一位慷慨的司鐸會知道如何在施行聖事時忍受疲勞。

4. 意思是，如果是教宗，則是對整個教會負有責任。

當基督信仰的道理以其應有的魅力和清晰呈現出來時，自會贏得人們。為此，聖女大德蘭說，我們必須祈求使司鐸都是聖的。

我們還必須求天主，使他們保持神聖，因為他們執行任務時，必須不斷地和世俗接觸。他們需要具備成熟的克苦精神，不要屈服於生活中的舒適滿足、心思意念和榮譽的滿足；如果他們屈服了，就不再是超性生命的媒介，而是虛有其表的天主工具。尤其是，司鐸必須服從，因為正確的領導來自羅馬，如果不願聆聽其可敬的聲音，必有誤入歧途的危險。

聖女大德蘭以自己的好榜樣來教祈禱。她的祈禱是基督奧體的祈禱，她和修女們結合一起，屬於基督的奧體，而耶穌基督是奧體的元首。這是件極美好的事，看到基督奧體的道理活現出來，尤其是處在少有人提及它的時代中，這個道理常是聖教會的教導中一個充滿活力的部分，而大德蘭深愛教會，致使凡屬於其本質性的道理，無不引發聖女的虔敬熱愛。

在這一章中，有個思想不斷反覆表達，一再地出現，此即：我們必須變成「適合的」，好從天主得到所祈求的一切。「適合的」，就是說，悅樂天主，因而能博得天主的聖心，成為轉求者。而受造者唯一能取悅天主的方法只有承行祂的旨意。大德蘭所計劃的正是完全捨棄自我的生活；此乃加爾默羅會有效祈禱的根基。她並沒有做出積極的聲明，只不過好像表達一個渴望般地說出來，然而，她的直覺使她的渴望符合教宗比約十一世一九二四年的詔書「*Umbratilem*」（隱蔽），該詔書如此說：「**默觀團體之促使教會成長和發展，遠超過那些從事活動工作的人，因為正是他們的祈求，使得天上降下充滿活力的恩寵，灌溉其他使徒工作者耕耘的園地。**」教宗在此清楚地表達，如果默觀的靈魂不存在，這些外在的使徒傳教成果也會減少。他毫無疑慮地說，他們比獻身於使徒傳教生活者做得更多。

這說明了教會對純默觀修會的需求，甚至單從使徒工作的觀念而言亦然，這也確認了聖女大德蘭的直覺。她告訴女兒們要把這事放在心上，不過，凡是完全給出自己的人，這同樣是真實的，天主因此而喜悅地對待他。

大德蘭在結束第三章時，概觀了加爾默羅會的生活，其中每一件事物都應該有此使徒的目標：「妳們的祈禱、渴望、紀律和齋戒，如果不是為了我所提及的意向，妳們應該反省：妳們沒有在執行任務，沒有完成天主帶領妳們來到此地的目的。」（全德之路3．10）大德蘭要她的跟隨者追求這個崇高的目標；她希望她們懷有遠大的志向。除了專心致志於靈魂的得救，參與主耶穌的救贖工程，在所有人中，給予並增加至聖聖三的生命，此外，還會有什麼更大的志向嗎？

【第二部】
默觀的氛圍

第三章　彼此相愛

從第四章到第十四章是《全德之路》的第二部分。聖女大德蘭在這個部分中述說德行，這些德行使靈魂超脫受造物，達到內在的自由，以領受默觀的恩賜，且和天主結合。

為了要讓靈魂籠罩在有益於默觀的氛圍中，她開始建立一個原則：如果我們要進入與天主的親密友誼，為教會獲得恩寵，我們必須聲明我們對祂的愛，且藉著回應其要求來證實。

那麼，如果克苦修行是從祈禱中取得其力量，真的是這樣，那相反的一面也是真的，就是說，祈禱也能藉著克苦修行而強壯，因為祈禱在克苦中找到了達到默觀的支持。因此，聖女建立這個原則：祈禱不能和放縱自我並行。默觀生活中採用的這二個方法有如飛向天主的雙翼，更重要的是祈禱；不過，根據經驗的證實，克苦修行保衛祈禱，在這一點上，我的意見是，克苦修行更為重要。

一個不培育克苦修行的人，必不會成為一個祈禱的人；如果一個人或一個團體，甚或一個修會，若失去了克苦的精神，必會失去祈禱的根基。那麼，培養良好的習慣，拒絕隨興的本性滿足和舒適，這是多麼需要的事啊！沒有持久地修練克苦，我們尋求滿足的本性欲望會覺醒，並做出它的要求。

在這處處忽視靈性的今日，尤該強調物質方面的克苦。如果我們不希望讓身體來限制靈魂，則必須以克苦修行來主導和掌控身體。如果身體沒有克苦修行，要度靈修生活是不可能的。祈禱確實不能和放縱自己相隨並行。聖女大德蘭主張，解釋祈禱時必須顧及克苦修行。她計劃寫些有關祈禱的事，但是她加上這些話：

「我要提出一些追隨祈禱之路的人必須具備的條件。這些事如此必要，甚至，即使不是非常默觀的人，能夠具有這些德行，她們也能在事奉天主上突飛猛進。除非具備這些條件，她們不可能成為很默觀的人。」（全

德之路4・3）

默觀是天主的一個恩惠，恩惠的賜予是在祂願意的時候，按祂的心意，給予祂所願意給的人。一個人在得到恩惠之前，可能要等上好久，但是，在另一方面，如果我們修行這一章中所說的，我們可以確定，我們會在成全上大有進步。如果我們是忠信的，我們的主必不會辜負我們，不過，我們必須做準備，在靈魂內備妥倫理的氛圍，好使這恩惠充滿洋溢。

✝ ✝ ✝

聖女大德蘭採用三點來發揮本書的第二部分：姊妹間的愛德，超脫一切受造物，和真實的謙虛。事實上，第三點包含在談論超脫內，因為聖女很快地從超脫談到謙虛，因為後者也算是一種超脫的方式。但是關於第一件事，姊妹的愛德，則分別論述。

按此方式，聖女大德蘭以實際的話語，教導聖十字若望在《攀登加爾默羅山》第一卷（第十三章）中的道理：就是說，除非一個人經過「一無所有」，不能達到「無所不有」。聖十字若望是聖女大德蘭的神子，也是神師，他是一個道地的神學家，不只解釋其意，且加以證明，他的學說建立在結合的性質上：「神性結合的境界，取決於，靈魂的意志如此地在天主的旨意內神化，因而在他內，沒有任何違反天主旨意的事物，而是在一切內，透過一切，他的行動全然只是天主的旨意。[3]」那麼，若要和天主結合，人必須捨棄自愛，因為在靈魂內隱藏著私愛時，和天主結合是不可能的。只要仍存有最小的愛戀，則神化是不可能的，因為不是神性的愛導引這個人，而是自愛。因此，不可避免的清楚結論就是，每一個貪戀都必須棄絕。一個祈禱的人，他不只願意為天主生活，也願依靠祂，真實地在一切事上接受聖神的引導，那麼，他必須拋棄其餘的一切，惟獨受聖神的引導。聖女大德蘭教導說，除非靈魂把自己全獻給天主，天主不會完全給出祂自己。大德蘭沒有證明她所說的話，但是她顯然確信且希望她的跟隨者知道，除非處在完全超脫的氛圍中，度著絕對慷慨的生活，一個人絕不會達到天主通傳自我給靈魂的境界。

《全德之路》的第二部分，實際地帶領我們達到默觀生活的核心。一個人不會達到祈禱的深處，除非他盡力地修行克苦和超脫。如果我們願意使祈禱成為默觀，那麼，這是我們必須在靈魂內開創的靈性境況。

聖十字若望以推理來證明超脫的絕對必要，他寫下原則，並且加以證明。但原則是抽象的。聖女大德蘭直覺地觀察到這個道理，立即指出其實際的修行。她既有深度，也具備健全的心理觀點；她不只強調弱點，而且還指示補救的良方，亦即，靈魂如何能被治癒，且使之健壯。

3. 參見星火文化出版《攀登加爾默羅山》1．11．2；參閱《靈歌》37。

愛的淨化力

「我要闡明的只有三點……第一點是彼此相愛。」（全德之路4．4）在這個事上，大德蘭首先談論愛的淨化，然後，在第七章解釋淨化之愛的修行。

首先，我們來看看人性之愛的心理學。人具有獨特的本性，是由靈魂和身體，精神和物質組合而成的。天主如此造化了我們，我們不能有所更改；我們必須按我們之所是來聖化自己；我們的愛是人性的愛。我們的愛有著雙重的能力：我們能以意志去愛，也能以感受去愛；習慣上，我們兩者兼行，因為我們的本性是合一的，我們的位格也是合一的。意志和心靈互相影響；這二種愛的能力時常結合一起，我們同時以意志和感受去愛。

二種愛都受到認識的主導：感受的愛受感官的主導，靈性的愛受理智的主導。認識呈給我們愛的對象。感受回應感官的認識，意志傾向於理智的認識。當我們被外在的悅人儀表和天賦吸引時，我們會以感官的方式去愛。如果我們和某人交情甚好時，我們會在內心產生感性的愛。如果我們想念這個人，我們就是在培養對他的感性愛情。而人能在所愛之人的面前，或在回憶中尋求愉悅；所以這是個比較不高貴的愛，他尋求的是自我的滿足。另一方面，意志的愛則以理智的認識來培育。甚至對那些不投合我們感官的人，我們的理智也能找到愛的理由，當它如此時，意志則傾向於愛。

感官的愛和意志的愛在此有個區別：前者以個人的滿足為目標，然而意志的愛，如果其意向保持純潔，則經常會念及他們的益處，即使這意謂著忘記自我，捨棄個人的利益。此愛是高貴的，另一種愛則遠不及於此。

愛德的愛，或超性的愛是靈性的，而非感受性的。天主為了使我們進入祂的親密友誼，祂提拔我們的官能及其行動達到超性的層次。祂在我們內發展的愛是靈性的，藉著理智來培育，理智考量的是人有什麼可愛的，不過，這個理智是由信德主導的，不只是本性的理智。

我們已明瞭，感受的愛經由看見所愛的對象，及與其交往而增長；它能夠成為自我中心的，且有賴於感受美好事物的臨現來培養。靈性之愛也是受到美好事物的推動，但是這個美好事物是理智的領悟，而非肉眼的看見。此乃由信德主導的愛德之愛。

可是，尚不止於此：因為人是一個單元，一個合一的人，這兩種形式的愛彼此互相影響。我感受到自己內有二種愛的衝動，我能以意志的愛和情感去愛同一個人。往往感受是如此的強烈，吸引意志隨從它。雖然我愛一個人係出於他擁有許多屬靈的恩賜，我可能著迷於他外表的氣質。我雖然仍以屬靈的方式來愛他，但是我的心不再是自由的。那麼，其中有著愛的情緒，這不是一件好事。意志優於感受，在我內管理的應該是意志。如果感受的愛起來統治，又要意志隨從它，必會導致缺乏平衡，造成許多傷害。

然而，不只感受影響意志，意志的愛也影響感受：此乃有福的事，容許天主的恩寵在祈禱中掌握並提拔我們的整個存有。感受如同理智和意志，只是人精神（psychic）生活的一個作用，使人在喜樂中愉悅，在悲傷中痛苦，我們會在與主結合的道路上遇見它們。如果我以意志的主動之愛去愛天主，感受會很容易在我內被喚醒，因為精神的作用之間是合諧的。

守住自己的心

我們對天主的愛，也同樣會發生在對人的愛上：這既不是過錯，也非不成全。只要感受仍然在理智和意志的控制之下。所以，如果我覺察到對某人有好感，我以靈性的方式愛著他，那麼，我要看守我的心，不許它越過天主的聖意，順從天主的旨意而愛他，按照天主為他安排的地位而尊敬這個人。

當問題是愛天主時，以感受去愛祂，能幫助一個人更以意志去愛祂。但其中往往會有些貪戀自我的危險，由於如此的多情善感會招致本性的安慰和滿足，為此之故，天主把靈魂放進乾枯之中，淨化靈魂。

†　†　†

檢視一下這個愛的心理學之後，我們就能明瞭，當聖女大德蘭說：「人們以為，在我們當中失之太過，不致有害，然而，後來引起的這麼多的惡事、這麼許多的不成全，除非親眼目睹，我不認為會有人相信。……過於親愛，必會逐漸消減意志的力量，這力量本該完全用來愛天主。」（全德之路4．5）因為對受造物的愛戀太強烈時，會轉變為情緒，奪去意志的自由，它本該專心全力地去愛天主的。我們的愛需要好好地鍛鍊一番。原祖父母和我們一樣，也有二種愛的能力，但是他們還有一個特別的神恩，就是他們內的靈性和感性的愛是合諧的。我們無法回復到這個完美的平衡，除非經過嚴格的鍛鍊，如大德蘭指示其跟隨者的這個修持。為了使我們明瞭對此的需要，她暫且擱下談愛的這個主題，指出特殊友誼的害處，主張必須盡力避免，並提出醫治的良方。

「這情形在女子當中遠多於男子。」（全德之路4．6）女子更富於情感，因此也更易於被感情左右，被外在的魅力吸引。可是，如果她的情感得到良好的引導，會變成幫助她愛天主的力量。情感驅策意志，而我們看到一個女子能如何強烈地愛天主。

「如果意志傾向於更偏愛某人，超過其他人（此乃人的本性使然，是無可避免的；我們時常被吸引去愛那些資稟豐盈，但卻乏善可陳的人）。我們要很小心，不要讓那樣的感情支配我們。要愛慕德行和內在的美善，常常用心避開注意外表的稟賦。」（全德之路4．7）

成全的愛

大德蘭在第六章重拾前題，再度探討成全的愛。「再來談談我所說的純靈性的愛，若能擁有這愛，會對我們有益。」（全德之路6・1）她要怎樣向我們解釋呢？如果她是個神學家，她會做個定義，然而她不是，所以她加以描述。她未曾受過神學訓練，可是她具有神學的洞察力；而如果我們檢視一下神學的定義，我們會發現，所有的特點她都描述了。

成全的靈性之愛，神學上的定義是：惟獨在天主內尋求其幸福的全部基礎。為此理由，靈性的美善是靈魂所追求的。這個愛的特質如下：

❶**唯獨在天主內尋求其動機**：愛總是有其動機；以純潔去愛的靈魂，以愛天主為其動機。

❷**不尋求任何回報**：這是純善意給予的愛，不關心得到什麼。

❸**渴望為所愛的人謀求靈性的益處**；如果渴望為他得到物質上的好處，這是顧及其靈性的益處之故。所有超性的益處都包含在此一單純的渴望中，亦即願他成為聖善的。

上述成全之愛的特質來自聖多瑪斯的道理，和聖女大德蘭的教導不謀而合。愛德的愛，來自雙方都知道天主如何超越一切的受造物，他們知道天主堪當在我們心中占有的位置，因為除非為了天主的緣故，他們無法去愛。他們愛，是因為所愛的對象屬於天主。這是把自己全給天主者的情感。由於清楚地體驗到天主和受造物多麼不同，致使人把自己給予天主，而且除了為祂的緣故，他不再愛什麼。

聖女大德蘭關於此事說得多麼好：「…當一個人蒙受天主的引導，清楚地洞察：什麼是世界，及世界是怎麼回事……或者，認清了造物主和受造物是怎麼回事（透過經驗可看清此事，因為只有想一想和相信它，則大不一樣）」——注意所提出的默觀的認識——「這些人愛的方式，非常不同於尚未達此高境的人。」（全德之路6．3）當人把心給天主之後，就不能再給別人，除非因為承行主旨，他也不能被受造物占有。天主要我們愛近人，但只是為他們和天主的關係：他們是天主的子女。為此，我們不是因他們本性的天賦，也不是因和他們交往的愉悅而愛他們，而是因為「**他們的天主是我們的天主**」④。所以，我們愛他們的愛，是一種特別的愛，來自從經驗領悟到天主和所有的受造物是多麼的不同。

這正是這個世界所不能瞭解的愛，他們對天主的超越性毫無經驗。現今的人們說起話來，好似天主應該服事我們，然而事實上，是我們應該事奉天主。我們是依賴祂的受造物。如果在今日出現一些強調人格的所謂的「神祕家」，這是因為他們缺乏對天主超越性的意識。人變成了那種假靈修的中心，甚至妄想讓祈禱來為他服務，由他任意處置他所缺乏的神力。然而，這不是事奉天主：那是在愛他自己，使天主隸屬於人。

聖女大德蘭清楚明瞭這事，如果我們願意以屬靈的心態去愛，天主必須占有我們生命

4. 參閱聖奧斯定所著《天主之城》12。

的中心位置。超性的愛是純慈惠的，感官的愛則是想望自我的滿足，因此神學家稱之為「貪慾的愛」（love of concupiscence）。

「妳們會告訴我：像這樣的人，不知道愛，也不懂得以愛還愛。——至少，他們很少在意別人對他們的愛。」（全德之路6．5）確實，那以屬靈的方式去愛的人，不會真的尋求心的滿足——那些人不需要愛的回報。愛受造物的愛怎能和天主的愛——永恆的友誼——相比呢？凡是以屬靈的方式去愛的人，只渴望有助於靈修生活，因此尋求能幫助他們更愛天主的善意人；此乃超性層面上的行動，而非尋求自我的滿足，是尋求我們的目標——亦即天主。

「當我們願意獲愛於某人時，常是尋求我們的利益或滿足……」（全德之路6．6）這不是超性的愛。似乎神修人「除了天主，誰也不愛，誰也不知。我說，他們確實在愛，他們愛得更多，更純真，他們的愛更熱烈，更有益於人，總之，這才是愛。這些靈魂往往是施予比領受多，甚至對造物主本身，他們也希望給的多，得的少。」（全德之路6．7）因為這愛直接奔向天主，渴望我們的整個存有為祂的光榮而耗盡。

「妳們會想，如果不愛看得見的事物，他們愛的是什麼？——確實，人們愛眼之所見，迷戀耳之所聞；但是，他們所見的是恆久的事物…」（全德之路6．8）他們愛所看見的，但是他們用信德的眼光，看靈魂們是耶穌基督所救贖的，帶有全部的超性恩賜，因此是堪當被愛的。他們不再生活於本性的層面，若是去渴望任何只有本性價值的事物，對他們是很不可思議的；他們的渴望無非是盼望那些人成全地悅樂天主。

第六章的最後一句話，聖女說耶穌是姊妹之愛的模範；耶穌為了靈魂給出祂自己，而我們為了愛近人，必須準備好為他犧牲自己，且對他表示體貼的愛德，如同我們對待耶穌。

修持純潔的愛

聖女大德蘭談到純靈性的愛時，把它放在和本性之愛對立的位置上，雖然本性之愛是合法的，但卻不是成全的，且導向虛弱。本性的愛關心的是物質的好處，當我們所愛的人遭遇什麼不幸時，會使我們焦慮不安；我們不能泰然處之。超性的愛關心靈性的益處：在恩寵和聖德上成長。我們已經明白，要成為聖人不可能不經歷考驗磨難；所以，我們應該知道如何衡量所愛者遭受的考驗，還有，看到他們身處極度的痛苦中，要記得天主願意淨化和聖化他們。

誠然，這二種愛的方式有個中間地帶，超性的愛不能不同情朋友的受苦。即使一個人以超性的方式去愛，也重視受苦，在這些事上，他也能感受到憤慨的最初衝動，不過這是可以用意志加以控制的，這和那些錯亂與壓制的情感非常不同。當我們看到有人知道如何從苦中受益時，我們會欣喜雀躍，明白這個達到聖德的偉大途徑其價值何在。教宗比約十二世，在他的「基督奧體」通諭中訓示信友們，要在可怕戰爭的日子裡，從痛苦中取得益處。「⋯⋯我們知道，在此動盪不安的時期，所有痛苦的災難，殘酷地折磨無以數計的人們，如果能以平靜和順服的精神接受這一切，有如來自天主的手，它們自會提升靈魂超越塵世的變故，上達天堂的永恆境界，激發某種不容置疑的渴望，熱烈地嚮往靈性的事物。因此，由於天主聖神格外的恩寵，可以說，推動人，且迫使人更留意地尋求天主的國。」當我們看到某人受苦時，我們應該祈禱，使他能把自己完全交在天主手中，懷著應有的忍耐和勇氣從苦難中得到益處。

超性的愛，即使伴隨著某種溫情時，除了幫助人更善盡其責任外，並不尋求什麼。同時以超性和情感去愛的人，不能容許他的心被迷住，也不能對他人做出不正當的事，只求悅樂他們——這是虛弱的愛。我們的愛絕不能屈服於惡；它必須同情別人，渴望他們是成全的，而不索取愛的回報。

第四章　超脫：毫無保留

聖女大德蘭以相當動人的方式，強調她的第二個建議（超脫）的重要性：「現在，我們來談談該有的超脫，這一點，如果做到成全的地步，就是一切了。」（全德之路8．1）當然，這並不是說，修持全德只要修練超脫即可。超脫是方法，不是終點；不過，這是影響整個靈修生活的方法，而如果完美地修持，會帶領人很快地達到目的。聖女向我們解釋其所以然：第一，完全超脫並非達到聖德獨一無二的方法；可是，第二，當一個人完全慷慨時，天主也會慷慨地對待他，並且要帶領他達到神性的結合。大德蘭只不過述說了後來聖十字若望所寫的：「如果一個人在尋找天主，他的心愛主更是在尋找他。」（愛的活焰3．28）

天主以賜給人更多的恩寵來尋找他，灌注的德行會使他美麗、強壯和悅樂天主。德行好像胸甲，具有保護和堅強的作用，當聖神七恩使這些德行的活動更成全時，一個人會變得更英勇，甚至能為天主完成最困難事。「若我們唯獨擁抱造物主，毫不在意受造的萬有，至尊陛下必會傾注德行。我們只需一點一滴地竭盡所能，就無須介入任何征戰；上主為護

佑我們，將親自迎戰魔鬼、對抗世界。」（全德之路8．1）

有了如此的擔保，我們就能更誠摯地重視這個完全超脫的恩寵：**「將自己完全、毫無保留地奉獻給萬有者。」**（全德之路8．1）

最壞的竊賊

大德蘭採用一個比喻說，一個人拴上所有的門後，很平安地上床睡覺，但是小偷已經在屋內。**「妳們已經知道：沒有比我們自己更壞的竊賊。」**（全德之路10．1）我們最大的敵人是自我，就是說，我們必須克服個人的惡劣傾向，聖女大德蘭稱之為「私意」。**「如果妳們不小心謹慎地行走，如果每位修女不萬分留神，相反個人的私意——且把這看成比一切都來得重要——，許多事情將會奪去神聖的靈性自由；藉此自由，妳們才能飛向妳們的造主，而不會被泥土或鉛塊繫絆。」**（全德之路10．1）我們的靈魂因意志的乖張而受損傷。「泥土或鉛塊」象徵無用的——甚至是有害的——先入為主的成見，意指一個人執意而為，（他們願意所完成的一切全照一己之意，而非天主的旨意。）我們必須提醒自己，我們所尋求的是成全的境界，在那個境界裡，我們在天主的旨意中放棄自己的意願。只要我們把持自己的意願，我們必會被「泥土或鉛塊」⑤繫絆，亦即被「成見」繫絆，我們也會失去心靈的自由。

5. 參見《全德之路》第十章。

我們必須記得，「事物」並非總是壞的，我們能願望好的事物，但卻是以一種自私的方式。例如，如果我看見某人做了些什麼好事，卻不按照我們的方式而行，我們多半會勉強他按「我們」的意願去做：然而，並沒有法律規定，凡事都必須按我之所見來完成。

我們必須看得更高，超越人性的觀念，甚至超越最好的看法。天主有祂的目的，雖然大多半的時候，祂的道路對我們來說是奧祕的。天主不在意我們的黑暗和缺點，在那些真的願意愛祂的靈魂內，祂使之發展良好。我們喜樂的原因應該是天主的計劃得以完成，而不是我們的，即使我們的計劃是好的。一個符合天主聖意的人是寧靜的，看到第二原因之上的第一因。我們能有我們的渴望，不過我們的第一個渴望應該是接受天主的聖意；所以看到自己的願望沒有實現時，不該擾亂不安。

這就是聖女所瞭解的私意：執意渴望事情按個人的喜好進行。甚至也存在於修德上：例如，我們計劃修持謙德，且願意在一個月內完成。誠然，天主確實也願意我們成為謙虛的，不過祂可能許可我們修練此一德行，卻看不見其成果。祂願意我們專心一意地修持；我們可以確定，我們必會成功的，雖然可能不是按照我們的計劃。

關於超脫自我的方法，大德蘭指示她自己所使用的方法。

第一是「**不斷地切記：萬有皆虛幻，一切行將告終，何其快速。**」（全德之路10・2）

世人沉溺於無常的事物中，已經對受造物的短暫無所覺察。許多人活在這個世界上，好像是要永遠活下去似的。或許我們沒有這麼離譜，不過我們真的傾向於迷失在雞毛蒜皮的瑣事堆中，把這些瑣碎事看得太重要。一旦我們確信萬物轉眼成空，而我們所渴望的東西，在永生中可能沒有多大意義時，我們會得到真正的寧靜。

聖女指出的第二個方法是轉向天主，當我們發覺自己過份專注於吸引我們的事物時，要轉向天主。事實上，事情未能如願地完成時，所感到的挫折即標示出我們的貪戀。「**對最細微的事物也小心翼翼。當我們一開始執著什麼時，就應努力放開繫念的心思，轉向天主，至尊陛下必會予以助祐。**」（全德之路10．2）

至於取決於環境，不在我們能力範圍內的事，大德蘭鼓勵我們要懷有捨棄的態度：「**我的天主，想想我們；我願意想祢！**」事實上，這是聖女大德蘭對我們說的。我們希望自己和自己所有的一切全是祂的。當我們發現自己過於被什麼迷住時，我們應該重覆說，我們願意祂的（而不是我們的）計劃實現；祂會來幫助我們達到和祂結合，盡可能地快點達到結合。

聖女指出的第三個方法，幫助我們修行自我捨棄：謙虛。她在這一點上只稍微作些暗示，在別處，她所作的敘述比較詳細。

「**尋獲這些德行（即謙虛和克苦）的同時，妳們也會找到瑪納。所有的一切妳們品嘗起來都是美味的；世人嘗起來味道很糟的，妳們都能嚐出其中的甘甜。**」（全德之路10．

4）這事發生於那已順服於天主旨意的人。里修的聖女小德蘭是個完美典範：她遵循聖十字若望的教導⑥，把她的所有動作轉化為愛的行動，甚至在最微小的事上亦然。

總而言之，聖女大德蘭講解超脫時，強調其必須性和獲得的方法；她進一步邀請眾人慷慨事主，修行不斷的捨棄自我。

內在的克苦

大德蘭繼續談論內在的克苦，她稱之為放棄意志，她以相當廣泛的涵意來使用「意志」這個語詞，其意義包括從個人的本性傾向到所有能使他感到滿足的工作、人、事物。⑦

聖女很明白，努力克制（或控制）我們的自然傾向，會導致「相反自我」的真正戰爭。不過她也肯定會有天主的助祐：「我們一開始工作，天主就會在靈魂內大力興工，並賜予如此之多的恩惠，致使我們窮畢生之力能做的，全算不了什麼。」（全德之路12．1）這是另一種說法，和上述的聖十字若望的話是一致的：「如果一個人在尋找天主，他的心愛主更是在尋找他。」里修聖女小德蘭常重述這話：「祂帶給了我所需要的力量和勇氣。祂把我裝備得那麼好……我絕不向後看；我如同一個戰士，不斷地贏得優勢，宛如一個『偉大的賽跑者，只注視著擺在他面前的賽程』……只要我忠實地回應每一個已賜予我的恩寵，

6. 參見《靈歌》28.8。
7. 聖女多方面加以談論這事，從十二章到十五章，以全部篇幅詳述，解說謙虛和貶抑的修行，且提出一些特別的教導。

其他無數的人們也會隨之而來。」⑧

成全的要求指出和「相反自我」作戰，這是個代價昂貴的戰爭；不過，若是確信超脫是達到圓滿神性生命的根本方法，必會帶給人很大的推動力。

關於達到完全慷慨地超脫自我，大德蘭提出一些勸告。她敏銳的心理洞察力促使她說，首先這是逐漸達到的：「……是藉著努力修行獲得的……慢慢地，即使在瑣碎的小事上，也不順從我們的意願和欲望，直至心靈完全制服了身體。」（全德之路12．1）她說的不只是我們的意志，還有我們的渴望；亦即，我們本性的傾向。她繼續在下一節中強調這點。「我說，整件事或其中的大部分，在於不掛念自己或自己的舒適。」（全德之路12．2）就是說，不要焦心憂慮它們。讓我們「在一切事上，表現出相反自己的意志。如果妳們認真細心，如我說過的，不知怎樣，漸漸地，妳們會發現已置身於山頂。」（全德之路12．3）

聖十字若望教導相同的學說。他所說的話，起先免不了會驚嚇人的，他說必須傾向「不是最容易的，而是最難的…不是那安慰的，而是沒有安慰的…不是企盼什麼，而是什麼也不企盼。」（攀登1．13．6）他不只說我們必須常常這樣做；他的教導還要更深入：只要可能時，經常傾向於這樣做。這正是聖女大德蘭的學說：保持活潑和有動力的慷慨。

結論內在克苦這個主題時，聖女大德蘭預先料到一個反對：「可是，若說我們絕不可在任何事上取得愉悅，這聽來多麼刺耳！」她已經說過，完全的超脫，實際上是個殉道。

8. 聖女小德蘭《回憶錄》。

答覆異議時，她主張超脫的本身不是目的，而是方法，是為天主的光榮而立定我們達到聖德的方法。

第五章　謙虛

謙虛是使我們留處於受造物的地位的德行，徹底依賴天主，在一切事上急於承行祂的旨意。「謙遜和超脫這兩個德行似乎總是形影不離，相隨出現。它們不是分得開的兩姊妹……妳們應當加以擁抱、疼愛。」（全德之路10．3）大德蘭設法使我們愛這兩個德行，因為我們應該愛我們的微小，渴望變成相似小孩子。小孩子意識到自己的無能，不蜷縮在自己內，反而奔向母親的雙臂；我們應該投奔天主的雙臂，在祂的力量中，為我們的軟弱尋求醫治。謙虛和信任是同一德行的兩個面向：沒有信任，謙虛不會是基督徒的謙虛，甚至也不會是個德行。

「這些德行真的具有隱藏自己的特性，致使有這些德行的人，儘管人家說他有德行，卻從來看不見、也不相信自己有什麼美德。可是他那麼重視這些德行，總是盡力獲取，因而使自己的德行愈來愈成全。」（全德之路5．4）誠心尋求謙虛的人，從不自覺謙虛，因為他們更意識到缺乏謙虛。謙虛就其為灌注的德行而言，靈魂不能完全主導，要等到天主把她放在謙虛之境；天主運用各式各樣的貶抑達成這事。貶抑是艱辛又痛苦的食糧，這是真的，不過卻非常有營養。還有，每一個以愛接受的貶抑，會導向更大的愛。

避免爭先

聖女大德蘭敘述數種謙虛的修行法，勸人朝向獲致靈魂的純潔，其中最首要的是這個掙扎，即她們必須相反渴望比別人更被看重。她舉出幾個這類渴望的例子，然而我們必須掙扎的，比她提出的少數例子要廣得多。

「至於內在的騷動要很留意，尤其，如果是涉及地位高下時。」（全德之路12・4）她述說了一些這樣的事。她願意她的跟隨者更上一層樓，而非壓抑驕傲的言詞：她特別強調，要她們克勝說出這些話的思想。通用的重點是：我們必須避免自視優於他人。

為什麼我們傾向這個毛病呢？因為我們確信自己更有價值，不是在樣樣事情上，而是在某些特別的方面。在發現我們更有能力之後，我們順理成章，開始希望別人認同，接著，我們展示自己的才華。耶穌恰恰相反：祂，燦爛的永恆之光，隱藏自己，受人管轄，尤其在祂是嬰孩時，和在納匝肋時；公開生活的幾年，祂是無限崇高的長上，卻調適自己，俯就宗徒們不成全的行為方式。

聖女接著說在這事上保持警覺，對默觀生活的重要性；被追求榮譽支配的地方，「妳們絕不會大有進展，也享受不到祈禱的真正果實。」（全德之路12・5）對聖女大德蘭而言，祈禱的果實是與天主親密結合，她和聖十字若望都強調，惟有靈魂實踐絕對的超脫之後，才真會有祈禱的果實。因此，沒有克制這個追求首位的傾向，造成與天主親密結合的嚴重障礙。聖女大德蘭是務實的人，她承認，有時候天主「天主也賜安慰給不是這麼超脫的人」（全德之路12・5），不過那時，祂的特別恩待是為了幫助這個靈魂，如果她沒回應，天主也不會繼續恩待她。因此，正常的情形下，只有徹底超脫的人會達與天主親密結合的默觀。

《靈心城堡》第五住所的第三章，聖女寫到靈魂能達到一兩種結合方式：與天主的旨意結合，及神祕的結合。大德蘭更看重前者，因為，畢竟神祕的結合有賴另一位（譯按，即天主）。

聖十字若望確認相同的事：「第三個勸言，直接相反魔鬼，即你要經常以你的全心，尋求在言語和行為上貶抑自己，歡喜別人的優長，如同是你自己的，渴望他們在一切事上比你優先；你要全心地實行這點。如此你將以善勝惡，驅逐魔鬼，且擁有一顆快樂的心。對待最不吸引你的人，要更努力實行這點。要明白，如果你不以此方式訓練自己，你不會達到真正的愛德，也不會在愛德上有任何進步。渴望喜愛受教於人，甚於去教導人，即使是眾人中最小的一位。」⑨

9. 在《勸言》中，聖十字若望追溯教育默觀者的基礎；在《攀登加爾默羅山》中，他指導他們與天主交往；《靈歌》中，他描述靈魂尋求神性結合的靈修全程。這三部著作都是為貝雅斯和革拉納達的隱修女寫的。
我們可能會問，為什麼聖十字若望經常以超脫做為達到神性親密的準備，而聖女大德蘭則強調德行。事實上，德行確實使靈魂超脫。聖十字若望的九個勸言，指出超脫的全部節目，超脫其實是藉著修練德行而付諸實行。

如果缺少超脫，即使修行多年的「默想」，仍是不能帶領人達到與天主結合。她在此說的默想，不是指祈禱的主要部分——與天主親密交談，讓我們的意志隨祂處置——而是指理智的推理。這是非常可能的，一個人以此方式修行許多年的默想，卻沒有引導他達到與天主結合。

克制得到優先待遇的所有渴望，是修練謙德的卓越方式。聖女大德蘭在其著作的許多地方，極力主張謙虛與神性恩惠的緊密關係⑩。每當她提及獲得默觀的準備時，她都會說到謙虛：「謙虛，還是謙虛」。這真是基督的教導，很快就會顯而易見。

聖十字若望在《攀登加爾默羅山》第二卷第七章中說，當人能誠懇地自認虛無時，他會達到結合的境界：「**當人被化為虛無，即謙虛的極致時，必會完成靈魂與天主間的靈性結合。**」（攀登2．7．11）

里修的聖女小德蘭重覆相同的道理，她說及吸引天主的慈悲之愛的神嬰。這是福音的教導：「**祂垂顧了祂卑微的使女……祂對敬畏祂的人們廣施慈愛。**」耶穌的道理沒有比這更清楚的：「**自謙自卑的人必被高舉。**」請注意，這句話的第一個動詞是主動的，第二個是被動的。天主願意人明白，他不能完全依靠自己，所以人必須徹底依靠祂；那時祂會親

10. 參閱《靈心城堡》4．2。

自帶領人達到與主結合的高境。

† † †

大德蘭指出克勝優先感的重要性之後，她勸告要以慷慨和活力來戰鬥。「我認為，在地位高下的事上，魔鬼不敢誘惑真謙虛的人，即使在他起心動念之際也不敢……以免牠的頭被粉碎。」（全德之路12・6）

魔鬼太靈通了，所以不敢誘惑真謙虛的人，因為謙虛的人利用誘惑更加謙卑自下。「如果一個人是謙虛的，若魔鬼以此方式誘惑他，在謙德上，他會得不到更大的勇力和進步，這是不可能的。」（全德之路12・6）聖女德蘭・麗達在穿越「心靈之夜」時，天主使她看到，她回應天主的恩寵是多麼微小；然而，對我們而言，她是這麼的忠信！天主不說謊，默觀之光清楚地顯示，天主的邀請遠超越我們做出的回應。

聖德蘭推薦給我們，要認真學習降生聖言給我們的謙虛榜樣，甚於注視我們自己的可憐，因為天主的仁慈超越我們的缺點。這是達到真實內在謙虛的正道，在所有的真理中，認識我們的地位是最末的……。

除了內在的謙虛，她也鼓勵外在的謙虛，做為克勝的方法，不致陷於尋求優先待遇的誘惑，且轉變為尋求鄰人的益處。「妳們也要學習，如何在相反私意的事上屈服妳們的意志，那麼，上主會使妳們弄明白這些事，為此，誘惑將無法久留。」（全德之路12．7）

努力是必須的，因為「世上再沒有什麼毒物，像這些事物（即渴望榮譽）那樣致死全德的。」（全德之路12．7）聖德蘭的結語是，以一些反省來強調她所說的：「妳們會說：這些是本性上的小事，不必拿來當一回事。」（全德之路12．8）是的，確實這些是本性的事，真的是太本性——完全相反超性——因此，值得極力費心，「因為其增長有如泡沫。」（全德之路12．8）

放棄我們的權利

第十三章大德蘭開始討論第二種謙虛的修練法，就是放棄我們「小小的」權利。她說出一些理由，兩個典範，然後是其他的思考，指出這是多麼重要。

「修女們，我多次對妳們說過，現在我想在這裡寫下來，使妳們不致忘記，亦即，在這所會院，甚或任何有意達到全德的人，千萬別這麼說：我是對的、她們沒有理由這樣對待我、這樣待我的人是沒有道理的……」（全德之路13．1）這不是聖女的一個偶然思想，或突發的念頭，而是她有意書寫下來的成熟省思。這和第一個修練法（不尋求優先待遇）

與下一個修練法（不自我辯解）有緊密的關連。

聖女大德蘭覺得，像這樣的辯解是個嚴重的不成全。但是如果這些話不說出來，應該會更少去想它們。一個人的第一個反應可能覺得受傷，但大德蘭不要人停留在其中，她認為那是「一個權利」，——（她的受傷）不總是虛假的，但其錯誤是，如果她如此行事，必會停止獻給天主一切。

這個第十三章是個連鎖的論證，目的在於使讀者確信這種謙虛方式的重要性。「**除非自認合理、就不願背負其他十字架的修女，我不知道為什麼還要留在隱修院裡？**」（全德之路13・1）如果只接受值得接受的，卻拒絕看似有些不公平的十字架，還會有誰胸懷壯志追求成全呢？

不過，還有另一個原因：沒有任何社會團體，能使所有人都得到公平的待遇。每一個人通常都得犧牲一些個人的權利。人類的生活是共同權利的完整網路（**a whole network of mutual rights**），因為人的有限，不是所有人都會經常得到尊敬。如果人具有天使的直觀理智，一眼看透所有事物，他會知道別人的所有需求和權利，也會記住它們。由於人缺少這個囊括一切的視力，很容易忘記，結果因缺少顧慮而造成他人受傷。

再者，人人在他內都有一個別人不能獲知的完整世界，除非藉著他願意給予的外在有限表達。因此，不了解我們對他人的需要和權利知道得多麼少，這實在是可笑的。所有人都屈服在這個情況下，所以，期望一個人應該被徹底地了解，其實是不可理喻的；我們必須超越這些小事。問題不在於沒有權利，而在於不索求權利；我們不必總是準備著要力爭權利。

這是此一棄絕方式背後的客觀解釋；還有一個主觀的解釋。當人行動時，他對自己的行動，往往會有一個妥當的解釋，然而別人卻常常看不出來。因此，一個人的良心會對他說，他是對的，但是他的鄰人卻可能責備他。大德蘭說，這是放棄自我保護的時候。這樣，她帶領讀者邁向她的下一個勸告，亦即，不自我辯解。

不自我辯解

謙虛的第三個修練法，聖德蘭建議，創造有益於默觀的靈性氛圍，在於不自我辯解。她在第十五章論及這事，首先略述其內涵，其次說明理由。

她說，受到不公平的責備保持靜默是個美德，因為這是大謙虛；不過，她也注意到，有時候必須做某種程度的辯解。大德蘭再次展現她的務實：經常慷慨，但不誇張。一個人為了修德而成為他人的負擔，她是不贊成的。愛德是至高的德行，有某些境況，靜默可能造成冒犯或惡表；有的人可能因此而被擾亂、生氣、受傷、或受誘惑。然而當明智要求自我辯護時，人必須緩和地處理，不致完全失去謙虛的益處。

大德蘭留下一個芳表，就是在她建立首座革新修院的那天。她受命立刻返回降生隱院，接受省會長神父的譴責。她的唯一想法是，以她的靜默，效法耶穌的受難。

她寫道：「我到他面前去，很高興知道自己正為了上主受點苦，因為在這件事上，我很清楚，既沒有冒犯……。我想起基督所受的判決，看到眼前的這些是不算什麼的。我自述己過，如同罪過深重一般，對那不知其詳的人，事情看來就是這樣。受到一陣嚴厲的責斥之後，雖然沒有嚴重到足以構成一個罪行，也沒有像許多人對省會長說的，我仍不願自我推諉；我對所要做的事已下了決心。總之，我請求寬恕和懲罰，請他不要生我的氣。」（自傳36・12）

「我清楚地看到，她們譴責我的某些事，我是沒有過失的，……然而，在其他的事上，我明白得很，她們說的是真的，說我比別人差，因為我沒有善守修院的嚴格會規，卻又自以為能遵守那更嚴格的，也說到給人立下惡表，標新立異。她們所說的，沒有給我半點擾亂或憂傷，雖然我假裝成很難過，以免她們誤以為，我不在乎她們對我說的話。最後，省會長命令我到修女們面前，詳細說明原委，而且必須要這麼做。」（自傳36・13）

這樣的做為帶給她的靈魂平安和甘飴，天主也支持她。時候一到，她該提出解釋時，無論是省會長神父或修女們，都找不到什麼理由來責斥她。修女們離開後，省會長與她談話，相當滿意她面呈的單純解釋；他甚至向大德蘭承諾，只要該城一平靜下來，她就能返回新修院。

第二個不自我辯護的理由，來自超性的判斷力。有時人們責怪某人的事，並非真實，他被人不公平地改過或糾正。可是，有多少次他確實犯過，卻沒有被人覺察呢？補償是合情合理的；此外，聖女安慰她的讀者，沒有犯過而被改，總比真犯過被改好得多。

大德蘭在此迸發一段很美的吶喊，這些話使她感觸很深時得到釋放：「我的上主啊！每當我想起祢遭受的種種痛苦，以及祢完全不該受這些苦，我不知道還能為自己說些什麼？當我不想受苦時，我也不知道我的腦袋在哪裡？在為自己辯解時，也不知到底自己身在何處？我的至善！祢早已知道，如果我有什麼好的，那是出於祢親手的賞賜，而不是別人。上主，給的多會比給的少讓祢付出更多代價嗎？如果我不堪當這個好德行，同樣我也當不起祢先前賜予我的恩惠。祢——萬善之善——遭受這麼多的惡言中傷，我卻一直希望對像我這麼壞的東西，有人覺得我很好，這是可能的嗎？我的天主！不要准許，不要准許——我希望祢都不要准許——祢的婢女有任何不悅樂祢雙眼的地方。上主，請看，我的雙眼是盲目的，能使我眼目滿足的少之又少。請賜給我光明，讓我真的渴望被所有人厭惡，因為我這麼多次辜負了祢，而祢卻這麼忠實地愛我。」（全德之路15．5）

「我的天主，這是什麼？我們想從取悅受造物中得到什麼呢？如果在上主面前我們沒

有過錯，即使所有的受造物都非常責怪我們，那有什麼關係呢？」（全德之路15．6）

心靈的自由

最後，聖德蘭描述此一修行的益處。「**因為我們將開始獲得自由，不在意人家說好或說壞，反而認為是在說別人。……**」（全德之路15．7）人獲得真正的內在獨居——遠比外在的獨居重要——，使他置身於和天主獨處，除了悅樂祂，沒有其他的掛慮。

當人不是因為受玷汙，而是為了修德，在別人錯判他時，學習保持寧靜和友善，他的內在獨居，及與天主同居共處上，必會持續地成長。不過，如果人留意別人怎麼想他和說他，他會很容易採取行動，為博取別人的尊敬。被怪罪和責備都會使他擾亂不安。沒有心靈的自由，他沒有內在的獨居，也浪費時間在這些沒有用的思緒中。

凡想要只為天主行動的人，會努力不在意別人的看法。「**我們既非常敏感，又沒做什麼克苦，對我們而言，這彷彿是不可能。在開始時是困難的；然而我知道，這樣的自由、棄絕自己和超脫自我，在天主的助佑下，我們能夠獲得。**」（全德之路15．7）

✝ ✝ ✝

後來，在第二十九章中，大德蘭有意寫另一個心靈自由的階段：在此階段中的人不會掛慮長上的恩待，擔心沒有在他們的垂愛中。這是很難修得的境界，然而勤勉地加以追求，終會獲得。

大德蘭說的長上的「恩待」或垂愛（全德之路29）是什麼意思呢？她指的是，長上明顯或含蓄地信任我們，看重我們。的確，長上對每個人都懷有相同的善意，但他們不必同樣地對待所有人。

發現指導者喜歡我們，會帶來本性的滿足，這對有些人是需要得到的安慰。可是，這樣很容易導向尋求自我，把事情做好，其隱藏的渴望在於引發注意，因而喪失了純潔的意向。也許起初並非陷於罪過，然而卻偏離全德之路，不再惟獨尋求天主；缺少這個慰藉，他失去自己的平靜。這不是成全：「女兒們，為了天主的愛，對這些（長上的）恩待，要避開，什麼也不要看重。」（全德之路29・1）

當然，這並非意指該對長上的意願漠不關心，改變成這樣的態度：「我只為天主行動，不在乎取悅長上。」然而，以服從長上來悅樂他們是我們的責任。「每人應善盡本份；如果院長不感激她所做的，她能夠確定，上主必會加以賞報並感謝。」（全德之路29・1）

焦心掛慮長上的恩待會損傷靈魂，所以聖女提出兩個良方：

❶ **記住萬事萬物都會過去**。「讓思想總是專注於恆久常存的事物，對塵世的事物，什

麼也不要看重，雖然這些世物仍在，卻不會永久續存。」（全德之路29・1）這些世物中，有個喜悅的來源是長上的批准。「不要給這些思想留有餘地……反而要以這個念頭斬斷它們：妳們的王國不在今世，萬事萬物，轉眼結束。」（全德之路29・1）這是一種折約式的安慰：萬事萬物都會過去，所以讓我們不要太注意它們，一個又好又有效的方法，但並非最成全的，雖然如此，要以超性的觀點來使用：「這是粗淺的補救辦法，並不是非常成全。」（全德之路29・2）

❷愛受貶抑。當人做了所有能做的，卻沒有得到應得的重視，這的確是個小小的貶抑。可是，對認識人性的人而言，有這樣的事發生不會感到驚奇；那是由於人性的有限。判斷人時，我們受次要事物的影響，也常不注意本質的事物；因此，我們的判斷是不完整的。我們更容易看負面，而非正面的部分，因為缺點更為明顯。

這一點不只適用於長上對我們的態度，同樣也適用於我們周邊的人。以某種的尊敬覺察我們，這是個滿足，不是表現在言語上，而是以這麼許多的微小方式……。

聖德蘭勸告她的跟隨者，不要渴望逃避這個貶抑的境況，反要渴望持續這情況，她確信，沒遭受貶抑，人不會達到深度的謙虛。

「最好是情況持續下去，妳們一直沒有得到善待，又被貶抑，卻為了與妳們同在的上主，樂意接受這一切。把雙眼轉向自己，注視妳們裏面，一如我所說的⑪；妳們會找到妳們

11. 見《聖女大德蘭的全德之路》28・2。

的老師，祂不會辜負妳們，相反的，外在的安慰愈少，祂賜予妳們的恩賜愈多。」（全德之路29・2）

第六章　結束這一回合的棋局

第十六章結束《全德之路》的基礎篇。總結大德蘭關於德行的見解，連結下面的篇章，學習祈禱給予的幫助，朝向擁有默觀。

十六章的前四節只出現在《全德之路》的第一抄本，第二抄本沒有這個部分。聖德蘭在第二抄本中把它們刪掉，從第二抄本仍可看見被撕掉的五頁，代之為一頁。在這一頁中，有可能是聖女總結被刪除部分的思想。我們無法絕對確認這事，不過種種跡象顯示出，這五頁，在本質上，必定和埃斯科里亞（Escorial）抄本提出的玩下棋的比喻相同。她必是為修女們細心著想之故，刪去這個例子，因為她禁止她們玩遊戲。不過，她保留這觀點，這是非常重要的。

為此，我們有了更換前四節的第五節。然而，編輯們大致上都保留前面的這四節，因為是非常生動的一個比喻。

本章中有三點：第一，達到默觀必須有德行；第二，天主有時喜歡做些例外——但這是規則確定的例外；第三，述說她論及默觀的計劃；所以，本章是連結以下部分的過站。

《全德之路》的第一部分中，大德蘭一再主張修德的真誠慷慨。再一次，對於這一點，她重覆這個教導：「我所說的一切，妳們不要以為太多。」（全德之路16．1）如同玩下棋的人，她才擺設好下棋的遊戲。這個遊戲的目標是將死「國王」；不過，首先必須擺布棋局，最主要的棋子是他們的「皇后」；然後是技巧地下棋，尤其是「皇后」，她能將死國王。換句話說，聖德蘭表示，直到這裡，她的書只是在擺設棋局，現在是下棋的時候；這就是，之前還不足以架構德行的大計劃；我們也必須專心致志。

> 「在這場遊戲中，最能把仗打好的棋子是皇后，而其他的棋子都來幫忙。沒有一位皇后，能像謙虛那樣，使國王降服。謙虛能吸引國王，從天上降到聖童貞的胎中；懷有謙虛，單單一根髮絲⑫，就能吸引祂到我們的靈魂內。請相信，誰更加謙虛，就更能擁有祂，誰的謙虛少，擁有祂也愈少。」（全德之路16．2）

這個修謙德的懇切邀請，是為了什麼？如果只為了默想，確實是不需要這一切做基礎，因為默想本身會幫助修德。然而，目標是默觀。「如果妳們求問的是默想（*meditación*），我已經對妳們談過了，也勸導大家修行默想，即使沒有德行亦然；因為默想是獲得一切德行的基礎……然而，默觀是另一回事……，除非人完全給出自己，否則這個國王不會給出祂自己。」（全德之路16．3—4）那麼，要求這麼多的理由是：靈魂只能藉著慷慨修德委順天主，只能以此方式才能征服國王，亦即，被導入祂的親密，進入神聖的默觀。這和

12. 參見《雅歌》第四章第九節。

之前讀到的思想相同：祂「**不會給出祂自己，除非人完全給出自己**」；現在我們能了解，關於默觀所說的話。

在第五節中，亦即代替她刪去前四節的那一節。「**所以，女兒們，如果要我說給妳們達到默觀的道路，妳們要容忍我多談一些事，雖然妳們可能不認為這麼重要，儘管如此，我認為那是重要的。如果妳們不想聽這些，也不想修行，妳們畢生都會留在心禱中（「心禱」在此含有「默想」的意思）。**」（全德之路16．5）因為她說得這麼果斷，有個思想從她自己的經驗中浮現：有時候，天主不等靈魂是慷慨的，才給她這個恩賜。不過，我們必不可誤解她：這樣的事並非正常情況，而只是個慈悲之舉。此乃使規則穩固的例外，因為如果靈魂不是真的忠信，天主所賜給她的必不會持久。『**有時候，天主願意賜下一些這麼大的恩惠，給予情況很糟的人，藉此方法把他們從魔鬼的手中奪出來。**」（全德之路16．6）

「**情況很糟**」的這個說法，在神學家之間引發爭議。有的認為和大罪有關，天主藉著一個默觀的恩寵，從中提拔靈魂。然而，比較埃斯科里亞和瓦亞多利兩個抄本，顯示出並非聖女的思想。沒有處在恩寵中的人，能夠接受一個「**白白給予的**」恩寵，例如，一個神見，但卻不是默觀，默觀是恩寵在靈魂內發展的果實。耶穌與瑪利亞的若望神父（**Fr. John of Jesus and Mary, O.C.D.**）說，這個「**白白給予的**」恩寵，實際上是個歸化的恩寵⑬。事實上，有些人認為這是保祿的個案，雖然不清楚他是否真的處在大罪中，無論如何，聖女大德蘭

13. 參閱 Joannes a Jesu Maria, O.C.D. , *Theologia Mystica*, c. III, Freiburg 1912, pp.38-39.

指的是冷淡或不熱心的境況。

那時，天主來誘導這個靈魂；如果這人不回應，天主不會繼續祂的恩待，也不會向前推進。然而，如果這個人是忠誠信實的，天主會持續不停地帶領他達到非常高的境界：祂會使他進步，達到與祂默觀結合的境界。這人會成為祂「鍾愛的子女」。

「我認為，我們的主天主給予許多人這樣的試驗，但只有很少的人預備好享有這恩惠。當天主賜下這項恩寵，而我們也極盡所能，我確信，祂會不斷地給予，直至我們達到非常高的等級。如果我們沒有決心把自己給予至尊陛下，不像祂那樣把自己給我們，祂常是讓我們留在心禱的階段，偶而來看看我們，就像看待祂葡萄園中的僕人⑭。然而，有其他一群蒙受恩待的兒女，祂不要他們離開祂身邊，祂也不會離開他們，因為他們再不想離開祂；祂讓他們和祂同桌共食，甚至賜給他們取自祂口中的食糧。」（全德之路16．9）

她以更新熱情的召喚結束這一章。要她的跟隨者專注於默觀之路，此乃全德之路，熱烈修德之路。這首先需要理智，它應該專心致志於這條路，然後，意志必須扮演其角色：面臨特別要求的修德時，我們絕不要說：「我們不是聖人！」如果天主向我們要求慷慨的德行，這是要幫助我們成為聖人；祂的恩寵絕不會辜負我們。

她在此做了一個修行謙德的隱喻，在之前的篇章中，她也說及此事，：「若我們被人稍稍小看一點……願天主拯救我們，不要說：『我們不是天使』、或『我們不是聖人』。

14. 參見《瑪竇福音》二十一章三節。

想想看，雖然我們不是，如果我們努力，竭盡所能，天主也來幫我們一臂之力，助我們成為聖人，這是極為有益的想法。」（全德之路16・11—12）

接著，大德蘭預告第十七章開始的主題：解釋心禱和默觀的性質。她在此結束《全德之路》的克修部分。

【第三部】
活水泉

第七章　妥善準備

聖女大德蘭的書談的全都是祈禱。如果在《全德之路》中暢談德行，其理由在於德行是祈禱的基礎，也是預備靈修的狀況，使祈禱成為默觀。

無疑地，聖德蘭是一位了不起的作家，然而她的作品處處離題旁論。從某一觀點而言，這是個缺點，但是，卻使她的表達更有力和完整。她的徒弟們很快覺察，這些離題旁論並不阻礙思想的連貫發展；事實上，一旦結束她的離題，她便再繼續看似中斷的思緒。

這個風格尤其呈現在她的《全德之路》；雖然書中確有邏輯的順序，她也繼續地預先說明後來她想說的。她巴不得把關於祈禱生活的事，一下子全部說盡。她切望她的讀者把心放在心禱中，以至後來能成為默觀者。

那麼，她書中這個部分的順序是什麼呢？有兩個重點：第一，靈魂對於默觀恩賜的態度；第二，關於默觀的兩個原則。

第一，是以正確的態度對待這個神性的禮物。大德蘭自知所談的是非常微妙的事。一方面，默觀是白給的禮物，天主賜給祂要給的人，在祂願意的時候，按祂的聖意賜予；另一方面，則是我們接受禮物的態度問題。我們必須謙虛地想這事，不要自以為有權利得到默觀（十七章），要慷慨（十八章），要懷有熱烈的渴望（十九章），要完全順從（二十章）。上述是很重要的篇章，其中敘述對於默觀應有的態度。預告祈禱生活的許多觀念，這是大德蘭後來會詳加說明的。

接著（即前面所說的第二個重點），聖女教導已經提出的兩個原則；不過，從第二十章的當中，她開始更明確地述說，一直繼續到第二十五章。這些是：①）祈禱生活需要努力，②）祈禱必須是心禱。

關於努力：一個人應該堅決定志，奉獻他的整個生命於祈禱生活，因為是一輩子要走的路，且要繼續走到終點。對種種的阻礙：不可能的事、健康等等，她提出解答。如果一個人不能條理分明地做默想，沒有關係，還有其他的修行心禱的方式。她會指出，沒有這些附件時，祈禱的本質是什麼，亦即高舉心神上達天主，以我們的理智和意志接觸祂。她會說，是的，唸你的口禱，但這仍不夠，你必須了解，你在向誰說話，而說話的你又是誰：造物主和受造物，父親與兒子；那時也要認識這位老師，榮福的耶穌，及祂教導什麼。一個人學會思想這些，即使是在唸口禱，他已經是在做心禱了。惟有心禱帶領人達到默觀。

順服

一個人必不可想他有權利得到默觀。真正謙虛的人不會做此要求。大德蘭在前數章中這麼堅持，指出默觀是在德行豐沛的環境中發展的；現在她問：「**真正謙虛的人，怎麼會想自己這麼好，就像已達默觀境界的人那樣呢？**」（全德之路17・1）在達到英豪的德行之前，沒有人該指望默觀，也沒有人該自信已達到英豪的德行，尤其是英豪的謙德。聖德蘭的見解是，我們絕不該相信，自己的德行建立得這麼堅固，致使我們可以索求默觀的禮物，作為酬報。

然而，若一個人勤勉盡力修德，他不可以放棄對默觀的渴望。又如果天主不想要賜給他默觀，他也不該沮喪；還有許多事奉天主的方式。我們絕不該放棄默觀的希望，但也不該索求馬上得到默觀：我們必須知道如何等待，交出自己順服天主。此乃得到天主恩寵的途徑。

為什麼大德蘭這麼堅持這些思想呢？首先，因為默觀是一份禮物，不是一項權利；那麼，由於天主的做法豐富又多樣，天主不會以同一方式導引所有的靈魂，聖十字若望說，甚至沒有兩個靈魂是一樣的。天主給予這個禮物是按照祂的心意。修德導向成聖，這遠比默觀更重要；默觀只是達到聖德的一種方式，聖德才是目標。確實，靈修生活的中心是愛，在達到成全的愛上，默觀是一個很大的幫助；雖然如此，默觀也只是一種方法而已。

即使是天主沒有以默觀之路帶領的人，也要像別人一樣，妥善準備自己，因為沒有人知道，天主何時願意賞賜這份禮物。有時，禮物遲遲而來。大德蘭舉自己的個案為例：「我有超過十四年之久，不閱讀就無法做默想。」（全德之路17．3）所以，她一點也沒有沉浸在默觀中，而且「像我這樣的人，還有很多」（全德之路17．3）。

靜不下來不是特例

甚至也有無法做默想的人，就只能在他們的書本中，東抓一點，西抓一點資料，如同聖女小德蘭所做的。甚至還有人連這個也辦不到，「只能唸口禱，且絕大多數時間，都停留在口禱。」（全德之路17．3）大德蘭極同情這些靜不下來的心靈，他們完全無法專注；後來她會指示他們，要以怎樣的方式做口禱，會帶領他們達到默觀。她提出一位她認識的老修女為例：「我認識一位高齡的長者，生活非常聖善，克苦修行，是天主的忠僕，多年以來，她長時間做口禱，至於心禱則毫無辦法，頂多就只能緩慢地誦念口禱。……其他還有許多人也是這樣……」（全德之路17．3）她甚至也認識獻身於祈禱生活的人，他們不會比這樣做好到哪裡。

「我不認為到末了他們會很糟，反而會和那些得到許多愉悅的人幾近平等，甚至就某方面而言，他們更加安全；因為我們不知道那些愉悅是來自天主、或出自魔鬼的介入。」（全德之路17・3）

她也舉聖女曼德為例，她「是位聖女，雖然沒有人說她是默觀者。」（全德之路17・5）至於達到全德的可能性，她認為兩者之間毫無差別；她剛剛說了：「沒什麼好怕的，也不用怕達不到像深度默觀者那樣的成全。」（全德之路17・4）如果聖女曼德「也像瑪麗德蓮，全神專注，就沒有人款待這位神性的嘉賓了。」（全德之路17・5）

默觀是禮物

沒有達到默觀的人，有可能是他的過失；可能是他不忠心。然而，我們絕不能肯定地知道這事，因為是天主親自給予的禮物。「如果妳們竭盡所能，以前面所說的全德為默觀做準備，而如果祂仍不賜給妳們默觀（我相信，如果真有謙虛和超脫，祂不會不賜給的），祂必會為妳們保留這賞賜，等到在天堂一次賞給妳們。」（全德之路17・7）

大德蘭結束這個談論，重覆說，選擇不在於我們。所有的人可能都會選默觀，認為這樣就可以享受更大的安息與安慰。人不該自視有權要求默觀；他應該好好準備自己，否則的話，他恐怕沒有備妥來接受天主的邀請。如果他把自己準備妥當，仍然還必須等待，天主知道如何在來生慷慨地酬報他。無論如何，大德蘭認為確定的是，天主會賜給誠意的人一些默觀的方式，也許只是剎時即逝。

默觀也能是痛苦

對待天主自由給予的默觀禮物，人的態度應該是謙虛的捨棄和高度的慷慨。在忠心於祈禱上慷慨，是的，也在準備上慷慨，預備好適當的環境或氛圍來接受默觀。

聖女大德蘭寫有關此默觀的氛圍：「那些走上默觀之路的人，並沒有背負比較輕的十字架，天主給他們十字架的途徑和方式，會讓妳們很驚訝。這條路或那條路我都知道，也很清楚天主給予默觀者的磨難是忍無可忍的。」（全德之路18・1）那些尚未獲得默觀恩寵的人，可以在這些思想中找到謙虛的理由，認為，如果他們沒有蒙受如此的恩惠，是因為他們還沒有如此的受苦能力，因此天主加以扣留。

然而，這個導言只是個掩飾，其實是要介紹一個非常重要的真理：一個想達到默觀的人，必須決心受苦。默觀者的痛苦常是劇烈的。在某方面，這能夠是個安慰，因為一個人能想：我不能忍受它們。然而，這只能是某種程度的真實，因為一個愛的靈魂總會認為，「天主能堅強我」，我們能經常請求祂這麼做。

一位默觀者進入天主的親密，直覺地知道，耶穌經常吸引人，親自以十字架的道路使人和祂結合：一位淨配不能不追隨其淨配的命運；分享祂的生命，補充祂苦難所欠缺的。耶穌指望他參與祂的受苦，祂的救贖工程。

在受苦時不必覺得愉悅，或試圖勉強自己有此感受；靈修生活不在於感受，而在於意志，我們以意志接受天主送給我們的痛苦。一個身體或心靈的劇烈痛苦，如果不要我們付出什麼，那其實不算什麼；然而，如果得付出代價，這在天主面前是很珍貴的，因為那時我們給祂最多。耶穌如此地受苦，甚至痛苦到說出：「**我的心靈憂悶得要死。**」（《瑪竇福音》廿六38）聖女小德蘭說：「**喜樂地受苦，並非受苦時懷有愉悅，而是平安寧靜，完全地捨棄自我。**」有多少次，她達到深淵，自覺已到了盡頭，不能再做什麼了！不過，沒有關係，因為她給出全部的力量，在那時，耶穌來拯救她。

聖女大德蘭在此預告一個思想，這是她後來會再詳述的，就是當她註解天主主經的「願祢的**旨意承行**」時。「**天主既然以磨難帶領祂深愛的靈魂，愛之愈深，磨難也愈艱苦。**」（全德之路18·1）確實，當天主以豐沛的默觀恩寵，召叫人進入祂的親密時，那人也要期許被導入十字架之路；此乃天主愛他的一個記號。

既然已經指出預備達到默觀的慷慨是什麼，聖女大德蘭回到（第4節）這個想法，我們所有人都該準備自己。她明白人的禀賦不同，因此修行心禱的方式也不同。雖然她使用「口禱」這個語詞，她所推薦的，確實不只是唸唸而已。她也提及默想式的閱讀，及和天主交談：在固定祈禱時間中的所有虔敬方式。

凡不忠於固定祈禱時間的人會失去機會，就是這樣，會冒險在抵達時門已關上，因而失去天主的恩寵。天主有祂的時間，如果一個人不信守與天主的約會，他會覺察在靈修生活上受到的影響。

默觀者的責任

聖德蘭解釋一個默觀者要樂意受苦；現在她回來談，像這樣的一個人在教會內的責任（全德之路18．5）。我們從諸聖相通功的教義知道，人人都負有一些責任，而明顯蒙召幫助教會的那些人，在這方面負有更大的責任。默觀者不該忘記，默觀的恩寵愈豐富，他們也應該愈慷慨。如果天主以默觀的方式，召叫人進入與祂的親密，祂是在召叫他分享耶穌的生命，因此幫助行走十字架之路。所以，一位默觀者必須是慷慨的，不然的話，他會讓天主失望。

天主的興趣是廣泛的，一個祈禱的人應該持續地受吸引。對他們而言，天主要求的日常痛苦，由於其持續不斷，有時是這麼的沉重。很不容易經常保持寧靜和喜樂，要記得，這一切全是天主要的，是為了我們的益處，以不斷的犧牲培育使徒的理想，在此被釘十字架的生活中，毫無保留。如果有時，天主許可痛苦達到我們的極限，我們的所有力量會從祂而來。當祂更多要求我們，祂也會幫助我們更多。

† † †

這一章（第十八章）快結束時，大德蘭再次寫道，為準備自己達到默觀，一個人能做的是什麼。第一次她強調是祈禱，現在她說是德行。再者，她重覆說，靈魂的進步更在於德行，遠甚於默觀的恩寵，雖然後者是很有幫助的。這是真正的進步：如果默觀有什麼重要，那是因為默觀使靈魂更慷慨。

列舉德行時，她在服從上耽擱了一下，不過她又說，她是對著修女們寫，她們已經熟知這個德行，所以她不要多說。她在《建院記》的第五章中詳談此事。

讓我們與聖女大德蘭一起結束說，應該非常熱心地預備達到默觀。我們應該培養一種默觀的心態，就是說，一種慷慨的精神，使我們真能歡迎受苦——在具體的情況中。

第八章　活水

聖德蘭稱讚對默觀的熱烈渴望；在第十九章中，她開始指出，一個人如何能以實際的修練來準備自己。她認為，默觀是我們應該留意的近目標。

聖女有一個傾向，一次再次重提她覺得最重要的主題。因此在第十九章的開始，經過一段很長的離題，她可能不記得說到哪裡，又不願花時間重讀所寫的，所以她重新再說必須修行心禱。身為好老師，她知道，不是人人都一樣，每個人都必須找到天主要他追隨的道路。

大德蘭從最普通的情況開始——雖然可能不是最頻繁的——就是那些能遵循確定的方法做默想的人。在大德蘭的時代，已有不同的作家寫下合適做默想的書。

除了依納爵的《神操》（包括默想的方法，並非應用），還有道明會的革拉納達・路易斯（Luis de Granada）、方濟會的聖伯鐸・亞爾剛大拉（St. Peter of Alcantara）的著作。聖德蘭知道這些書，也加以推薦，在她寫第十九章時，甚至引用革拉納達・路易斯的書：「有許多像這樣的書，（根據聖教年曆）逐週按日劃分我們上主一生的奧蹟和受難，默想審判、地獄、我們的虛無渺小、及我們多麼虧欠上主，書中有卓越的道理，並協調祈禱的起始與終結。」（全德之路19．1）她說，凡行走這麼良好道路的人，「上主會帶領他達到光明的港口，既有這麼美好的開始，終結時亦然。」（全德之路19．1）

因此，無疑地，聖女贊同默想的方法。「凡能行走此路的人，必獲享安息和安全，因為，理智受到約束，就能安息地前行。」（全德之路19．1）就是說，當理智存想一個主題，加以探究，使之避免分心，並達到良好的定志。有能力這麼做的靈魂，當然是為默觀做了良好的準備，還有唯一要修行的是，聖女在《全德之路》第二部分中，從頭到尾這麼極力推薦的自我捨棄。

困難：不安定的靈魂

大德蘭也注意到，不是所有人都能做有條理的默想。雖然如此，她沒有寬免他們的心禱；也許他們不能有條理地做心禱，但還是能夠做得一樣好——這確實是她在《全德之路》的這個部分所寫的，留待我們去解釋。她尋求幫助他們，教導他們如何準備自己，以達到默觀和與主親密。

「有的靈魂和理智，這麼混亂，有如脫韁之馬，誰也無法停止牠們。一下這裡，一下那裡，總是不安定。這是靈魂的本性使然，或是天主許可的。」（全德之路19．2）他們受分心走意的折磨；他們很難專注。大德蘭並不擔心，也沒有說他們因此不能達到默觀；而是說，他們必須遵循其他的方法修行祈禱。聖女說，「**我極同情他們。**」（全德之路19．2）

他們的困難可能來自本性的不足，或當下的處境，天主許可使他們的心思不定。例如聖女小德蘭的分心，因為她很睏，使得她無法專注。當聖十字若望說到以模糊和愛的注視去默觀時，他還提出另一個理由；他注意到，那些被天主吸引達到這種祈禱的人，仍存留某種想像的行動，使得祈禱有時變得令人厭煩。在這一切情況中，我們應設法幫助自己，不要總是以同一方式。

大德蘭在前章中提及，閱讀是其中的一個方式。後來她會指出，她不願我們在乾枯，甚至也伴隨著分心走意時，總是不停地依靠一本書；因為有時候，天主願意我們忍耐，靜默地留在那裡，在祂的臨在中，渴望祂。

然而，當乾枯的起因是某本性的環境，無論是身體或精神的，像這樣的時候，她勸告我們依靠書本。聖女小德蘭就在如此的情況下使用書本。雖然不總是得到改善，可是，我們從她的的著作中獲知，許多次，在祈禱的時間裡，用一本書忠心幫助自己之後，仍然陷於乾枯，但到了末了，她獲得光明，引導她更深入她的「小道」，來日她將曉諭他人此一「小道」。

「有的人，當他們費盡艱辛——極大的辛勞——戰勝了第一批敵人後，他們自願敗給第二批敵人，他們寧願渴死，也不願喝必須付出這麼大代價的水。他們的努力完了，他們的勇氣喪盡。即使有人有勇氣打敗第二群敵人，第三批敵人出現時，他們的氣力早已用盡，而很可能，不到兩步之遠，就是主曾對撒瑪黎雅婦人說的活水泉，誰喝了將永遠不渴。」（全德之路19．2）

默觀

撒瑪黎雅婦人的美麗事件，使大德蘭想起許諾要寫給女兒們的事。對她而言，活水就是默觀。她下筆行文時，她的目的是喚醒她的讀者渴望活水。與這份渴望一起的，大德蘭增加了忠於修行心禱，及修德。

「他們將不再渴求今世的事物，雖然，他們對來世事物的渴望增加得更多，遠超過本性的乾渴所能想像的。」（全德之路19．2）再一次，這是聖女的基本思想：默觀是個很大的幫助，使人全然轉向天主。偉大的靈魂把握這個真理，即只有天主能滿足人，因此，除了繼續走向祂，其他就沒有什麼要做的了，凡沒有達到天主的人，會永遠不快樂。人類的生活，是一條走向天主的路，繼續不斷地走向祂。默觀是路途中的有力協助，因為默觀聚集人的活力，使之朝向天主；人不再渴求其他的事物，而只求悅樂天主。

不過要注意：默觀不是成全。對聖女大德蘭來說，成全一直都是愛的成全，以忠於天主的旨意來表達。然而，默觀極有助於把我們放在這個準備中，為此之故，她感到不得不談默觀。她繼續我們的主所說的比喻「活水」；念及水在自然界的益處，她繼續深思水在超性界的相同特質。她談論這美妙的水，即默觀，尤其是水的三個特質。（她細想其圓滿的含意：結合的默觀⑮。不是所有的默觀都是結合的；有不同的等級，那些特質是在較低的層次遇到的。）

這些特質是什麼？

水使人涼爽、潔淨不潔之物和解渴。

† † †

水使人涼爽：默觀的靈水使人涼爽，解除對世物的渴望，使人只期盼天上的事物；它令人舒暢，而易於超脫。

達到結合的默觀，預先假定一個人在德行上，已經達到相當的成全，尤其是愛德。有時候，天主確實把這恩寵賜給一個不成全的人，不過，這通常是假設一份強烈的愛，個人

15. 她有意要講結合的默觀，在第 6 節中，她清楚地說明：「這水……這個神性的結合是非常超性的事……。」

的意志完全合乎主的聖意。大德蘭以自然界的水來詳述這個比喻，當水澆在燒燃的瀝青或柏油上：火勢更加旺盛。那麼，當一個靈魂接受結合的默觀，她已經在愛上強壯，而且默觀的水使她的愛火燒得更旺，因為這兩者有相同的來源：愛德的愛是由天主灌注給靈魂的。

就神學的觀點而言，結合的祈禱假定，天主強烈地吸引這個人的愛。當一個靈魂已經燃燒著從己而來的愛時，若天主又以結合的默觀吸引他時，他會更加猛烈地燃燒起來。為此，默觀是個極大的幫助，帶領靈魂朝向天主：使他們面臨誘惑和受造物的吸引時，賦予新的活力。如果人的畢生無非是尋求天主，這個恩寵的至極重要變得相當明顯。

大德蘭在這裡提到，有時在祈禱時會流出愛天主的眼淚。這些淚水是從天主來的，但它們還不是燃燒愛火的活水；更好說，它們是從中流出的。

✝　✝　✝

潔淨不潔之物：成全默觀的第二個特質是潔淨。若靈魂沒有成全的潔淨，和天主結合是不可能的。默觀的水潔淨，除掉浮渣，使靈魂更加取悅天主。這裡，聖女再次說到結合的默觀，想起她個人的經驗，暗示在她的《自傳》中所寫的⑯，實際上，那是所有靈魂的故事。經過一段長時期的掙扎，為改善一個缺點，卻毫無所成，之後，當天主賜給她結合的祈禱，

16. 參閱《聖女大德蘭自傳》24．6，星火文化出版。

大德蘭在剎時間獲得釋放。事情總是這樣的：大主希望人自己努力；最後，祂一定會來，提拔靈魂達到祂。

成全的默觀是超脫與淨化的強效方法；然而，不是只有結合的默觀而已，至於較低等級的，也有此潔淨力，雖然是以較小和逐漸的程度。如聖十字若望已說過的。他極力強調默觀的這個潔淨特質；再沒有比他對感官之夜所寫的更好的解釋了，藉著淨化的恩寵，天主準備靈魂達到初步的默觀，經由非常嚴厲的考驗，達到結合的默觀。甚至連後者也不會沒有專屬默觀的淨化特質，雖然是以較小的程度擁有這個特質。

那麼，這是默觀的一個新階段，應該使之成為值得期盼的，不是為了從中得到享樂，而是為了得到幫助，更完全地進入愛的生命。成全的目標是愛；默觀生活的目的是，如已說過的，有助於朝向這個目標。

為使我們清楚明白默觀的恩寵如何淨化，聖女大德蘭在默想與默觀之間，做了一個比喻。默想時，世事的回憶可能闖入我們的理智，如果沒有警覺，會造成分心走意。在結合的祈禱中，不存有這個危險，因為特屬這個祈禱的默觀恩寵，阻止靈魂心神分散。甚至在較低的默觀方式中，這個特質仍然得到印證，雖然是以較輕微的方式；在寧靜的祈禱中，靈魂仍會分心，不過，當他覺察天主的吸引時，他發現自己易於留守祂身邊。

水的第三個特質是**解渴**。不過，默觀的水，不但不會解除口渴，反而增加人對天主事物的渴求。品嘗一口這個水，燃起這麼大的口渴，除了更想品嘗天主之外，人不能想望其他的什麼了。接著就是強有力地歸向天主：靈魂所有的活力都轉向祂。默觀不是渴望其所給予的愉悅，不過，事實是，這個愉悅確實有助於人歸向祂。人在默觀中品嘗他的天主——即使只是一點點——這個遠距的分享天堂榮福，深深地撩起他的希望。而希望則激勵愛的修行。

在這裡，聖女觀察到對天堂的渴望，亦即靈魂在結合的默觀中出神，能夠受本性感官活動的影響。這個影響要加以節制。神祕聖師聖十字若望在《愛的活焰》[17]中說，已經達到神婚的人，把這個渴望完全交託給天主的旨意，因為已經達到和諧：本性完全順服，不再能擾亂心靈。我們能從她的《靈修見證》第六篇[18]獲知，那時聖德蘭已經接近生命的末刻，她的靈魂已完全順服天主。但在訂婚期時可不是這樣，經常尋求享受的本性，可能陷入這個對天主的渴望。在可以感受到的衝勁中，他不應該相信事事都完美；警覺和克制常是必須的。這僅僅是常識的問題，是神學所肯定的。

因此，默觀是非常值得渴望的禮物，不是因為使人享受天主，而是因為強有力地激勵

17. 聖十字若望所著《愛的活焰》1．23，星火文化出版。
18. 西文版本是第六篇，K.K. 英譯本則是第 65 號。是 1581 年寫於西班牙帕倫西亞（Palencia），記述她靈修生活的現況。

人行走愛的道路。默觀加速最崇高的愛，即仁慈之愛；促使人關心天主的興趣。

神性的邀請

「女兒們，在作戰之前，我設法解說目標，並指出會得到的賞報，還對妳們說，喝到這來自天上的水泉、這活水的好處，妳們想這是為了什麼？」（全德之路19．14）

她說的「目標」是默觀，是賜給奮鬥者的榮冠。而且她對我們說「喝到這來自天上的水泉、這活水的好處」，認為默觀會使人愈來愈超脫世界，更加歸向天主，把他的心專注於天主。

我這麼說，「為的是在這條路上，遇有艱難和反對時，妳們不會憂慮，而有勇氣向前邁進，也不疲累。因為……可能是這樣，當妳們抵達時，除了彎下身喝那水泉，什麼也不用做，而妳們卻放棄一切，喪失這個福分，自認為沒有力量抵達，也不是為此而被預定的。」（全德之路19．14）

如果得到默觀的召叫不是給每一個人的，人可能自問：「我也在這些特寵的靈魂當中嗎？」外表的謙虛會使人回答：「那是這麼崇高的事啊！」人人都被邀請達到聖德，聖女大德蘭非常積極地加上一句，人人也都被邀請達到默觀。

「如果這項邀請不是全面的，上主就不會召喚所有的人，即使祂召喚了所有的人，祂也不會說：『我會給你們水喝』，也許祂可以說：『你們全都來吧！畢竟，你們毫沒有損失，至於那些我認可的人，我會給他們水喝。』然而，如祂說的，並沒有這個條件，而是給『所有的人』，我確信，凡沒有停留在半路的人，不會喝不到這活水。」（全德之路19．15）

這個肯定很是明確：天主個別、單獨地召叫我們每一個人，願意給我們默觀，只要我們繼續走到底，不要停在半路上。

不過，關於大德蘭在前幾章所說的，即不是所有的人走相同的路，可能引起疑問：有的靈魂是默觀的，有的不是，後者也同樣能成為聖人。然而，如果有聖人不是默觀的，那麼默觀的召叫就不是普遍的。

聰明如聖女大德蘭者，她不會沒有看到了個外表的矛盾。她說能以不同的方式達到天堂，而且當中會有人缺少默觀的恩賜。「前章中所說的，好像和我之前說的互相矛盾；因為，當我安慰尚未達到默觀之境的人時，我說上主有各種不同的途徑，使人藉以走向祂，正如祂有許多住所一樣。」（全德之路20．1）

「至尊陛下知道我們的軟弱，祂就是祂，祂會提供我們途徑的。」（全德之路20．1）

雖然邀請所有的人達到最崇高的境界，祂並沒有強迫人。祂沒有以接受祂的邀請，做為得到永恆救恩的條件。

此外，不是天堂上所有的聖人都有同等級的愛德；這取決於個人，而天主會慷慨地對待慷慨的靈魂。由於默觀是天主的一份禮物，聖德蘭強調我們的慷慨。事實上，她主張痛苦造就默觀的氛圍。不很慷慨的靈魂，是不會得到默觀的人。而且，自然的很，許多人被上加耳瓦略山的邀請所驚嚇。

然而，祂沒有對任何人阻止這條路。「祂沒有說：『有些人走這條路，其他人走那條。』相反的，祂的仁慈如此之大，凡努力來到這生命之泉，飲用這水的人，誰也不會被禁止。」（全德之路20・1）聖女以她多年的不忠心來證實，在那時期內，她讓自己受縛於對受造物的情感。「祂有那麼多的理由來禁止我！然而，當我已開始上路，祂沒有命令我別這麼做，……非常確實地，祂不會禁止任何人，相反的，祂大聲呼喚，公開地召叫我們⑲。可是，由於祂這麼好，祂不強迫我們」（全德之路20・1—2）一個人也能走較漫長的路，受較少的痛苦。

†　†　†

雖然天主邀請所有的人，祂並沒有以同一方式給所有的人喝，即使他們有同樣完全的慷慨。我們有聖女大德蘭和聖女小德蘭為例：小德蘭確實沒有行走聖女大德蘭和聖十字若

19. 參閱《舊約・箴言》一章二十節；《若望福音》七章三十七節。

望詳述過的道路，然而，誰能說她不是默觀者，充滿光照的靈魂，其光照來自愛的經驗呢？這兩位聖人寫的許多種祈禱，小德蘭並沒有體驗過，但是她有這麼多來自天主的光照，她自己承認，在二十二歲時，她已被這些光照淹沒，即使她生活在已經習以為常的乾枯中。

祂「以各種方式，讓想要追隨祂的人有得喝；沒有人會得不到安慰，也不會有人渴死。因為從這豐沛的水泉湧出溪流，有的大，有的小；有時小小的一灘水，為小孩子已經足夠，再者，看見大量的水，也會嚇壞他們。這些小孩子，就是剛要開始的那些人。」（全德之路20・1）總之，人能以多種方式喝到活水泉，天主以對靈魂最好的方式，給每個人喝。這水泉其實是聖神、默觀之光的運作，天主藉愛的經驗灌注給靈魂的。由於祈禱的某些境界，各有其親密關係，所以喝活水的方式也不同，然而，一個人在神魂超拔，或日常工作中得到光照，如果他因此愈來愈清楚天主的旨意，那又有什麼關係呢？

「因此，修女們，你們不要怕會在這條路上渴死，安慰之水絕不會少到令人無法忍受。」（全德之路20・2）

「要接受我的勸告，妳們不要停留在路上，反而要像強者，在此追求中，奮戰至死；因為妳們來到這裡，不為別的事，而是為了戰鬥。妳們要常常懷著這個決心前進，寧死也要抵達路的終點。若是上主這樣帶領妳們向前邁進，在今生，妳們還是有些乾渴……」（全德之路20・2）

「祈願上主使我們無所缺乏」（全德之路20・2）大德蘭總結第二十章；以她強力推薦的三項德行來回應天主的邀請：超脫所有的受造物、彼此相愛、真謙虛——以及忠心於祈禱。

第九章　決心與勇氣

聖女大德蘭詳談對默觀的健康又平衡的態度：懷著順服的心渴望，廣泛地覺察，這是個尋求的目標，雖然仍然是天主自由給予的禮物。默觀，我們意指整個內修生活所歸向的神性親密。

在這點上，聖德蘭開始詳細解釋祈禱生活的發展，使用〈天主經〉來指導。她以兩個觀念開始：第一，這個人必須下定決心，只要還活著，他要勤勉地祈禱（這就是，無論要付出什麼代價，都要走到終點）；第二，什麼是心禱的正確觀念，及準備人獲得默觀的道路。她如同一位好母親，又有心理學的洞見，設法鼓勵這些著急的人，建議他們逐步漸進，但要有恆不懈：「我並不是說，誰若沒這裡所要說的決心，就不當上路，因為上主會帶領他達到成全。就算這人做不了什麼，僅只跨出一步，這一步蘊含的能力之大，他不必怕會失去它，也不會得不到非常美好的賞報。」（全德之路20・3）然後她介紹一個用赦罪唸珠的比喻：「祈禱一次，就得一次罪赦，次數愈多，獲得的罪赦也愈多」（全德之路20・3）。人只要常常祈禱，就會得到日常行事的小光照，也體會到一份要更常去祈禱的催迫；這樣，他的決心會增加。

這裡，她不是對她的女兒們說的。對她們，她會說：「這為妳們是不夠的！」大德蘭在此寫給度世俗社會生活的人，他們渴望度祈禱生活，效法特屬加爾默羅會的絕對獻身方式。她這樣勸告她的追隨者：當妳們有機會時，看見有祈禱傾向的人，要指示他們如何獲益於以祈禱的精神生活。她特別意指心禱，不過，無論教給靈魂的是哪種祈禱，總是對他們極有益處。

一個反對

「現在，重拾前題，再談那些想行走這道路的人，他們不達目的絕不罷休，也就是喝到生命之水的那些人，我說，他們該怎樣開始是非常重要的，而且是最重要不過的。要有一個很大和非常決心的決心」（全德之路21．2）不只是為生命的某個時期，而是畢生全心致力於使他們的祈禱更親密，且喝到這個水泉。不是所有的人以同一方式喝，但人人都應該喝。「無論什麼事臨頭，或發生什麼事，不管工作怎樣辛勞，或有什麼流言蜚語。」（全德之路21．2）

不過，現在大德蘭暫停，回答她那時代普遍的一個反對意見：「有危險……念念（天

主經〉和〈聖母經〉就夠了。」（全德之路21・2）

當聖女大德蘭開始熱切修行祈禱，對她的靈修朋友們提及這事時，他們感到驚嚇，並且相信她是受魔鬼的欺騙，要她加以提防。聖女開始過著恐懼不安的生活，直到遇見這方面的靈修專家。我們不用見怪，因為當時的西班牙出現一些受騙的人，造成很大的混亂；所以遇有祈禱的恩寵問題時，許多人很害怕。「像人們多次對我們說的：『有危險』、『某某人因此而迷失』、『另有一人也受騙了』、『那個經常祈禱的人跌倒了』、『這會妨害德行』、『這不適合女子，會使她們陷於幻覺』、『還不如用心紡織比較好』、『她們不需要這麼巧妙的事』、『念念〈天主經〉和〈聖母經〉就夠了』。」（全德之路21・2）

聖女有個直爽的回答：「修女們，我說的最後這句話，真是這樣，確實就夠了！」（全德之路21・3）不過，我要指示妳們〈天主經〉的內涵。「把妳們的祈禱建基於上主親口傳授的禱文上，總是極好的。在這一點上，他們說得對，若非我們這麼軟弱不堪，我們的熱心這麼冷淡，我們既不需要編寫其他的禱文，也不需要其他的書。因此，如我所說的，我是對無法收心專注於其他奧蹟的靈魂講的……也針對有些聰明絕頂的人，什麼都滿足不了他們。現在，我認為應該在此寫下關於祈禱的一些起步、中途及終結，雖然我將不會在崇高的事理上躭擱時間。」（全德之路21・3）這是她計畫在書中第四部分寫的，她使用〈天主經〉。

在西班牙，抵抗基督新教的反應向來很猛烈；宗教法庭為了消除所有的危險，禁止了大量的書籍，其中有些書是大德蘭很喜愛的。她暗示這個事實說：「沒有人能拿走妳們的這些書，如果妳們是勤奮的，且又謙虛，妳們不會需要其他的東西。」（全德之路21．3）她附上一個插句，所表達的思想和聖女小德蘭的一致：「我向來深愛福音中的話語，也使我更能收心斂神，超過其他整理得非常好的書。」（全德之路21．4）

「我不是說，我要說明這些神性的祈禱文（即〈天主經〉的祈求），這我可不敢，而且已有夠多這樣的文章……而是要對〈天主經〉的禱詞提出一些看法。」（全德之路21．4）她以教我們祈禱、和天主談話做為出發點。

針對異議的第二個回答，聖女表示，我們都在走向這水泉的路上，水泉即是天主本身，我們都會在永恆中抵達。這個活水泉就是擁有天主，甚至在今生我們就能喝到，有的人這樣，有的人那樣。每個人的目標都是朝向這個水泉；那麼，藉著祈禱，他們行走皇家大道。若走其他任何的道路，他們都會渴死：「他們的危險更是多得難以估計，但是他們對此全然不知，直到撞上真正的危險，那時沒有人向他們伸出援手，他們完全喪失這水……妳們看看，這水一滴也沒有，而一路上，有那麼多要與之戰鬥的人，他們要如何通過這條路呢？」（全德之路21．6）

「請妳們相信我，不要讓任何人欺騙妳們，指給妳們別的道路，而非祈禱之路。」（全

德之路21・6）

異議的第三個反駁是：這是魔鬼為驚嚇靈魂發明的警告。「我從未看過這麼惡毒的詐騙。」（全德之路21・8）這違背普通的常識。有些人想要被視為神聖，這是真的；在那時的西班牙，騙人的十字・瑪德蓮修女（Magdalen of the Cross），贏得一整圈的崇拜者。如果一個人因自己的不良意向跌倒了，更有多少像這樣的人，被提拔到崇高成全之境！

「且看這世界多麼盲目！人們想也不想成千上萬陷於異端、及罪惡深重的人，他們之沉淪於異端和罪惡，是因為他們修行的不是祈禱，而是心神分散。而在眾多的祈禱者當中，萬一魔鬼的勾當得逞，使某些修行祈禱者跌倒了，魔鬼會導致別的人非常害怕修德的事。凡為了得到釋放，而以遠離祈禱來避開危險的人，他們要當心！因為他們以逃避善事來擺脫惡事。」（全德之路21・8）

因此，我們必須針對魔鬼如此的欺騙做出反擊。「真正天主之僕的特徵……在這些恐懼中，不想停步的渴望反而增強……有時只要一、兩個人說真話，比起烏合之眾，他們能做得更好！……如果有人說祈禱有危險，那麼，也會有人若非以言語，就是以行為，努力彰顯祈禱是多麼的好。如果有人說經常領聖體不好，他就會更加勤領聖體。所以，因為有一、兩位不怕盡力為善的，上主隨即漸漸地再贏回所失去的。」（全德之路21・9）

大德蘭結論說：「要拋棄這些恐懼。總不要在類似的事上留意一般人的見解。……努力保有純淨的良心、謙虛，輕看所有的世事，堅決相信慈母聖教會的主張，就能確保妳們行走在良好的道路上。」（全德之路21．10）

在下一章中，聖女會指明，如果不伴隨心禱，不能做好口禱：「如果他們對妳們說，應修行的祈禱是口禱，要追問他們，口禱時，理智和內心是否必須專注於所說的。如果他們回答『是』——他們不能有其他的答案——，妳們會看到，他們得承認，妳們非修行心禱不可，而如果天主願意賞賜妳們，甚至也會達到默觀。」（全德之路21．10）

決心、恆心繼續祈禱

第二十三章提出要一輩子祈禱的理由，也論及達到水泉的希望（對聖女大德蘭而言，這就是確信）。

「因為有這麼多的理由，若要逐一說明，必會增加許多篇幅。修女們，我要告訴妳們的，只是其中兩、三個理由。」（全德之路23．1）：

——對我們的主要細心體貼；

——不讓魔鬼輕易地迷惑我們；

——確信會達到活水泉。

首先，一旦已經給我們的主一個東西，又再把它取回來，這是粗魯失禮的事；這東西就是，我們已決定用來祈禱的時間。每個人必須「既然願意給祂時間，就要給出心思念慮……要懷著徹底的決心，絕不再向祂索回，不論我們要承受什麼磨難、衝突或乾枯。而要把時間看成不屬於我的東西，認為當我不願意完全給出時，祂理當能夠向我要求。」（全德之路23・2）很容易寬免自己不去祈禱的人，雖然去祈禱，並沒有努力善行祈禱，反而生出分心走意，這真的就是取回已獻給主的時間。

再者，我們必須記得，大德蘭是寫給所有人的，給世俗的人，也給她的女兒們；因此，她在此希望激勵前者如她一樣地多做祈禱。

「另一個理由是，為了魔鬼沒有這麼大的操控力來試探。」（全德之路23・4）

當魔鬼看到一個人決心繼續，牠不敢下手攻擊，然而，對於膽怯、拿不定主意的人，魔鬼會很快地引誘他。牠的行動像狗，不敢騷擾沉靜、堅定的人，反而故意去折磨膽小的人。「魔鬼深怕決心堅定的靈魂……」不必怕魔鬼：「牠就不敢這麼常下手攻擊，因為魔鬼膽小得很。不過，要是被發現有所疏忽，牠會大肆傷害……由於經驗，我對這事清楚得很，所以我已經能夠告訴妳們，我說，沒有人知道『決心』是多麼重要。」（全德之路23・4）

第三個理由是，恆心堅持，一個人會抵達水泉。當一個靈魂決心忠於祈禱，他會更容易善行祈禱；他像英勇作戰的軍人，因為他知道，必須打勝戰，否必會死在敵人手中。

結論時，聖德蘭提醒她的讀者，要懷有安然的信心，堅定不移。「開始時懷有信心，也是必須的，如果我們不讓自己被征服，必會得償心願；這是無庸置疑的，無論收穫多麼微小，結果仍是非常富足。不必怕天主會任由妳們渴死，因為祂召叫我們來喝這水泉。這事我已說過，而且還要說許多遍（我們需要信任），因為，對於尚未藉經驗認識上主美善的人，魔鬼非常驚嚇他們，儘管他們由於信德，知道這事。然而，這是個了不起的事，走在這條路上的人，體驗到所交往的友誼和賜予的恩寵，以及祂如何幾乎付清一切的費用。」

（全德之路21．5）

第十章　心禱、口禱與默觀

聖女大德蘭註解〈天主經〉之前，強調兩個前提。第一是堅定的決心，祈禱恆心堅持（第二十、二十一和二十三章）。第二，就是我們現在要談論的，對心禱的正確觀念（第二十二、二十四和二十五章）。

要指出一個事物是什麼，有兩個方式。一是定義其性質；聖女在《自傳》的第八章採用這個方法，她給心禱下定義：「按我的見解，無非是朋友之間親密的分享；意即找時間常常和祂獨處，而我們知道祂是愛我們的。」（自傳8・5）她的另一句經典的說法是，在祈禱時，「重要的不是想得多，而是愛得多。」（城堡4・1・7）應該是和天主交談。從這兩段引言，我們能做出結論，祈禱主要是愛情的，雖然不能沒有推理反省，因為認知是嚮導，且激發愛，使人確信天主愛他。

不過，除了定義，還有另一方法指出事物的性質，亦即，和相似卻不完全一樣的事物比較。這是大德蘭在我們要探討的這幾章所做的。她比較心禱和口禱（第二十二章，及部分的二十四章）及默觀（第二十五章），指出它們的不同。當她結束第二十五章，對於已指出的各種因素總結說：「現在，妳們懂得了這默觀和心禱的不同，就是前面說過的：深思並了解我們在說什麼，以及我們和誰說話，我們又是誰，膽敢和這麼偉大的上主談話。深思這事及其他類似的事：我們服事祂多麼少，我們多麼有義務事奉祂，這就是心禱。妳們不要以為心禱是什麼聽不懂的話，也不要讓這名稱驚嚇妳們。誦唸〈天主經〉、〈聖母經〉或妳們喜歡的禱文，就是口禱。不過請注意，沒有心禱，所唸的口禱是多麼不協調。」（全德之路25．3）

心禱

聖德蘭渴望強調一些說法，反對傾向於說不需要做心禱，唸口禱就夠了的人。她確信，口禱雖然不是心禱，如果要做得好，需要有心禱加入。

「女兒們，要知道，是否作心禱，並不在於嘴巴有沒有閉上。」（全德之路22．1）一個人在做心禱也可以唸唸有詞，如果在唸口禱時，他的心思完全專注於天主，以普遍的意向讚美祂，而非用所唸語詞的意思。「如果口禱時，我徹底懂得自己是在和天主交談，而且清楚地意識到這事，超過我所說的語詞，那麼心禱和口禱就合而為一了。」（全德之路22．1）

如果我必須去拜見什麼重要人物，我得學會應有的稱呼和禮節用來向他說話。由於祈禱是與天主交談，難道不也該以同樣謹慎的態度向祂說話嗎？甚至在口禱前，我們也該這麼做，才不至於只是動動嘴巴而已。

「只要我記得，我必定常常把心禱和口禱放在一起……若是開始唸日課或玫瑰經時，細想我們將和誰談話，也想想要和祂講話的是誰，好能明白如何應對，這麼做，有誰能說不好呢？因此，修女們，我告訴妳們：如果在開始誦唸口禱之前，妳們充分做好須有的準備，力求清楚明瞭這兩點，妳們就是做了相當多的心禱。」（全德之路22．3）

大德蘭勸我們專注於基督，她無意排除聖三，不過她覺得這樣會比較容易上達神性。

「我們的帝王啊！至高的威能、至極的良善、智慧的本體、無始又無終，祢的化工無窮無盡，全是無限無量、不能理解、無底的神奇海洋、蘊含所有美麗的美麗、力量的本身！天主啊！請幫助我！誰能在此擁有人類的所有口才與智慧，好能清楚曉得……如何說明，許多事之中，有一些我們能加以深思，為能稍稍認識誰是這位上主，誰是我們的至善！」（全德之路22．6）

大德蘭如此地提出耶穌的神性特質，為吸引我們到祂那裡。的確，藉著一個單純的默想，我們不能達到她的高境；然而，這些屬性是教義問答教我們的，也提示我們做為默想的主題。我們可能不知道它們是這麼深奧，但是我們應該至少意識到，我們在天主面前，祂是無限的大能、上智和美善。「妳們要深思並理解，到了見面時，妳們要和誰說話，或者，妳們正和誰談話。」（全德之路22．7）

這是開始的方式：誠心努力地去理解，我們是在偉大和良善的天主面前。如果心禱在於覺察出來天主是誰，那麼我們專注於想祂是很好的。為了幫助我們，大德蘭強調祂的神性美麗和雄偉。

口禱

第二十四章中，聖女大德蘭延伸心禱的觀念，這一次教導的是，如何做好口禱。這裡，顯而易見，即使大德蘭是寫給她的女兒們，她還是沒有忘記其他靈魂的需要，因為她說：「那麼，現在我們重拾前題，談談我曾說過的那些靈魂，他們既無法收心斂神，理智也做不到專注於心禱和深思細想。……來到本會院的人中，有的也是如此，如我說過的，不是人人都走同一條路……。」（全德24．1）

要做好口禱，我們應該了解所誦唸的，尤其是簡短、基本的經文，如〈天主經〉、〈聖母經〉和〈信經〉。不是每次唸這些禱詞時，都必須想所唸的字句，而是必須採用適當的心態，明白我們向誰呈上這些祈禱。或者我們能專注在某一點上；例如，在〈天主經〉中，這句「爾旨承行」吸引人渴望度捨棄自我的生活；在〈聖母經〉中，若有人喜愛深思萬有之臨於我們，是經由聖母的神性母職，那麼這句「天主聖母」是很受歡迎的；唸〈信經〉時，我們能想起這是信德的宣告，或者，像聖女大德蘭，歡躍於彌撒時的這話：「祂的神國萬世無疆。」（全德之路22．1）

「長篇的禱文可能同樣會使他們感到疲累，我也不想涉足其中。我要談的是，由於我們是基督徒，所必須誦唸的禱文，如〈天主經〉、〈聖母經〉……當我唸出〈信經〉時，我理當領悟並曉得我信什麼。而當我唸〈天主經〉時，了解誰是我們的這位天父，又誰是教我們這禱文的老師，這就是愛。」（全德之路24．2）由於祈禱是交談，只明白我們說什麼是不夠的；我們也必須專注於談話的對象。

「甚至對今世教導我們的老師，若我們不記得他們，這是個大不幸；尤其是，如果他們是聖人，是靈魂的導師，若我們是好徒弟，則不可能不想他們，而且我們會很愛他，甚至以他為榮，經常談論他。所以，像教導我們這篇禱文這樣的老師，懷有這麼多的愛，又希望我們進步，當我們誦唸這禱文時，天主絕不願我們老是不想祂，雖然由於軟弱，我們不能完全做到。」（全德之路24．3）

這裡，大德蘭的判斷力讓她預見生病和疲累的日子，在那時是無法全神專注的。然而「凡受到這種磨難的人，會明瞭這不是他的過錯。」（全德之路24．5）天主會看他的善意。

「他不必難過，否則會更糟；也不要疲累不堪，在空空如也的腦袋裡——就是他的理智——放進什麼，而只要盡所能地唸經祈禱。」（全德之路24．5）

「我們能做的就是力求獨處，但願天主保佑，這樣就足夠了，如我說的，知道我們和誰在一起，及上主對我們的祈求所回應的。」（全德之路24．5）要做好祈禱，我們應該置身於有利的環境，最重要的是處於獨居，不只是外在的，而且，尤其是內在的，為的是不因其他的任何思想而心神分散，而能單獨思想天主。耶穌推薦，「當你祈禱時，要進入你的內室，關上門，向你在暗中之父祈禱。」（《瑪竇福音》六6）這個比喻的說法，是要讓我們了解，向我們的天父說話，我們必須收心斂神。

「妳們想祂沉默不語嗎？雖然我們聽不到祂。」（全德之路24．5）天主沒有讓人聽見祂的聲音，但卻答以賜下恩寵、光明、激發人更堅決地歸向祂。「當我們從內心向祂祈求時，祂會對我們的心傾談。」（全德之路24．5）

「我們若是這樣想是好的：祂教我們每個人這篇禱文，並且不斷地將之顯示給我們；因為老師總不會離學生這麼遠，遠到需要大聲呼喊，而是就在近邊。我願妳們了解這事，若要好好誦唸〈天主經〉，最好是：不要離開教給妳們這禱文的老師身旁。」（全德之路24．5）

無論誰這樣唸口禱，就已經在做心禱了：「妳們會說，這就已經是深思細想了，而妳們除了口禱，既做不到，也不想做。」（全德之路24・6）然而，我們還怎能以什麼其他的方式做好口禱呢？

「確實有些人既不忍耐，又不愛受苦，他們還沒有養成習慣，很難從一開始就收斂思想；而為了不要稍微勞累一點，他們說除了口禱，更多的就做不到了，而且也不知道怎麼做。」（全德之路24・6）

可是，這個努力是必須善盡的，「致力於留心地祈禱，甚至是我們的義務……要有耐心，努力在這麼要緊的事上，養成習慣。」（全德之路24・6）

默觀

聖德蘭以第二十五章結束對心禱性質的解釋；這裡她比較心禱與默觀。不過，她重提心禱與口禱結合一起的重要性，指出如何能幫助做默想有困難的人。

「為了不使妳們以為完善地誦唸口禱，不會有什麼收穫，我告訴妳們：在誦唸〈天主經〉或其他禱文時，上主會把妳們安置在成全的默觀中，這是非常可能的。」（全德之路25・1）天主對內心說話，她剛說過，當內心向他說話時，天主的回答是默觀。

對許多不能做默想的人而言，這是一個安慰。專心致志於口禱，是達到默觀絕對必須的，如果所做的祈禱中悅天主，使祂樂於恩賜默觀。我們有個聖女小德蘭的例子。默想對她來說，不是容易的事：她常用書本或緩慢地唸口禱，來幫助自己；儘管碰見諸多困難，她盡力而為，正是處在這些困難中，天主光照了她。祂的來訪是默觀的時刻，雖然不是那麼崇高的默觀，如聖女大德蘭所敘述的。大德蘭所說的完美的結合默觀，這是屬於已經達到成全的人。

在此境界中，這人全神專注於天主，天主賜給他的認識不再是觀念性的，而是體驗性的。神性的行動，以燃燒意志，在理智點燃新的光明，產生非常崇高的默觀型式。聖十字若望在他的《靈歌》⑳中，如此地解釋：「因為天主的這個觸動，使靈魂的實體極其滿足和享受，溫柔地滿全她的欲望，就是在這樣的結合中……這個最微妙和柔巧的認識，也以奧妙的風味和愉悅，穿透靈魂實體的最深處，這是非常大的歡愉，遠超其餘的一切。理由是因為，賜給她悟知的實體（*sustancia entendida*），也剝除了附質和幻像；因為所賜給的，是哲學家所謂的被動或可能的理智，因為是被動地領受，沒有這一方的任何做為；這些是靈魂的主要歡愉，因為是在理智內，在其中就是福境，如神學家們說的、是看見天主。」（靈歌14．14）聖女大德蘭在她的著作中，詳談結合的默觀，特別是在《自傳》的第十八章，及《靈心城堡》的第五、六重住所。不過在這裡，她只輕描淡寫：「靈魂了解，沒有話語的聲音，這位神性老師正在教導他；所有的官能休止，因為，

20. 聖女大德蘭，《自傳》18．14。聖十字若望，《靈歌》38．9。聖人意指，這個理解不像普通和與生俱來的理解：後者是「觀念性的」，亦即，來自從感官得到的清楚觀念；前者得自另一根源：是意志的經驗，所以不是觀念性的。
結合祈禱為靈魂大大打開一個嶄新世界的門，在寧靜祈禱時，幾乎是半開的。現在他看見自己，漸漸地、愈來愈深地沉沒，直到在其中完全失去自己。

如果官能輕舉妄動，此時反倒有害，而非有益。」（全德之路25・2）

我們必須記住，天主尚未賜下默觀之前，我們不該勉力強迫自己進入；反而應該準備自己：收心斂神、做默想、以單純的愛之注視留守於天主的臨中。當天主吸引靈魂，寧靜所有的官能，使靈魂愉悅享受，那時，他應該單純、保持寧靜地接受這個禮物。「官能在享受，不知所以地享受著。」（全德之路25・2）此時此刻，理智停止反省，反而安息在天主的臨在中。

由於我們的理解有賴推理，當理智不作用時，我們就不會理解；所以，我們是藉體驗認知的。大德蘭寫道：「此乃不懂的了解。」（自傳18・14）這話說得如此正確，聖十字若望也加以採納。這人感覺他和天主結合，但說不出是怎麼回事，因為他不能形成觀念。

「靈魂在愛內熱烈地燃燒起來，卻不知所以地愛著。他曉得自己享有所愛的，卻不知怎樣地享有。」（全德之路25・2）

「他清楚明瞭，這並非是理智想要有，就可得到的享受。意志也不知所以地燃燒起來。」（全德之路25・2）

當這些時刻過去，理智回想所發生的事，並且確信已經嘗到天主本身：「可是，到了能夠稍有領悟時，他了解，這個福分是不能以功勞獲取的，世上所有能經歷的磨難全加起來，也不能獲得。此乃上主的恩賜，祂是上天下地的主，總之，因為祂是天主而賜予的。

女兒們，這就是成全的默觀。」（全德之路25．2）

這樣，甚至連不能閱讀的人，也能達到默觀。天主在祂的愛內帶著他們，把他們帶到那裡。而這就是（體驗式的）完美默觀，如我們已說過，當她為女兒們設定默觀做為目標時，這一直是大德蘭的意思。

† † †

寫到這裡，這三個觀念——默觀、心禱和口禱——大德蘭都一起談論了。心禱在於「**深思並了解我們在說什麼，以及我們和誰說話，我們又是誰，膽敢和這麼偉大的上主談話。**」（全德之路25．3）例如，在唸〈天主經〉時，我們來看看，藉著只深思一個「**父**」字，我們能學到什麼。有誰不能停下來想想：那麼，我是祂的孩子嗎？我是誰呢？我除了卑微可憐之外，一無所有，然而，由於得到祂的恩賜，我的靈魂卻很美麗。祂以恩寵覆蓋我們的貧乏；這是超性的真實，聖十字若望在《靈歌》中描述得這麼好㉑。所有恩寵的奧祕都包含在這裡。恩寵是祂自我給予的禮物，祂即是愛。

現在只憑推理，我們就能了解天主愛祂的受造物。但是，為得到對這真理真實深入的認識，我們也需要信德。當我們藉推理知道一個事物時，我傾向於只用理智；然而整個靈

21. 參閱聖十字若望，《靈歌》32。

魂，包含理智和意志，藉信德共同一起認知，因所認識的真理而完全著迷。信德的知識屬於理智，但卻在意志的推動下得到的。

因此，舉例來說，當我們深思「父」這個字時，信德會激起對祂更大的信任。如果我們避開這麼常做的無用推理——這使靈魂不快樂又緊張，也不會真的給他安心——安息在天主愛我們的信德上，我們將會進步。甚至在最痛苦的環境中，我們會確定與天主結合，藉著愛轉化成為祂。十字架是超脫的工具，因此，也是聖德的工具。

總之，我們和聖女大德蘭都注意到「關於這兩件事（心禱和口禱），賴天主的恩祐，我們自己還能做點什麼」（全德之路25・3）也應該這麼做，至於默觀，「我們什麼也做不到」（全德之路25・3）全取決於天主，若想要靠自力謀取，則是荒謬可笑的。我們的部分，是以修行口禱和心禱善做準備，那麼，如果天主「拿走他口中的話語」（全德之路25・1），我們就要聆聽。

【第四部】

註解〈天主經〉

第十一章　默想——進入祈禱的核心

「我們的父」

從第二十六章到結束全書，聖德蘭指示，如何能修行心禱，使之逐漸成為默觀。她建立基礎在〈天主經〉的口禱上，藉此指出如何進入祈禱的核心。

在準備時，要想起天主的臨在，她說明耶穌是教我們〈天主經〉的老師。然後她穿越整個祈禱之路，從開始到結束，逐一細察〈天主經〉的每一個祈求。

天主的臨在

第一件事是記起天主的臨在，這能夠以各種方式做到。聖女提出一個方式，所針對的是無法默想的人，他們不能專注省思書中重點，必須用口禱來代替。不過，從這個方式中，我們能取出通則，用之於其他所有的方式。

「大家都已知道，首先必須審查良心、告罪和劃十字聖號。」（全德之路26．1）她說的是當時所有隱修院通行的做法，是開始祈禱的一種方式。我們現在通常以「天主聖神，求祢降臨……」做為開始；以祈求助祐達到相同的目的。

「那麼，女兒們，既然妳們是單獨的，妳們要盡力找一個伴侶。而還有比教妳們唸這祈禱文的老師更好的伴侶嗎？設想上主親自和妳們在一起，請注意看，祂懷著何等的愛情和謙虛教導妳們。」（全德之路26．1）即使我們的整個祈禱時間，只專注於上主可欽崇的人性，我們還是修行卓越的祈禱。

「要相信我，妳們要盡所能地，和這麼好的朋友相守不離。如果妳們習慣有祂在身旁，而祂也看到妳們滿懷愛情，盡力取悅祂，如人們說的，妳們就會離不開祂；祂也絕不會辜負妳們；在妳們的所有磨難中，祂會幫助妳們；妳們到處都有祂。有這樣的朋友在旁邊，妳們想這是件小事嗎？」（全德之路26．1）聖德蘭指出的臨在，是我們應該培育的，不只在祈禱中，也要在日常中。如果養成這個習慣，我們會發現，在開始祈禱時，很容易加強天主的臨在。

「修女們哪！妳們中若有人無法多做理智的推理，也避免不了思想分散！妳們要習慣（有祂在身旁）！妳們要習慣這麼做！瞧！我知道妳們能做到這事。」（全德之路26．2）聖女很高興這麼說，在與主結合的路上，有許多我們自己能做的事。

聖女小德蘭提及她聖誕夜的歸化，說天主於剎那間在她靈魂內所做的，是她多年來無法做到的，儘管她懷著善意，持久地在努力。

「因為我好多年忍受這個磨難，思想無法靜息在一件事上，而這是個很大的磨難。然而我知道，上主不會把我們遺留在如此的孤獨中，竟至如果我們謙虛地祈求這事，而不陪伴我們的。如果過了一年，我們得不到所求的，那就是需要多年。不要後悔把時間耗費在這麼美好的事上。有誰催促我們趕快呢？我要說的是：要能習慣於此，努力地行走在這位真正老師的身旁。」（全德之路26．2）

大德蘭主張，從一開始祈禱就與天主建立直接的接觸，其理由來自她的祈禱觀念：即朋友之間的交談。若要和人親密交談，必須靠近他。許多靈魂在祈禱時浪費時間，因開始時他們不在乎這個連繫，於是分心走意隨之而來，不過，如果有像這樣的開始，一個人會更容易回到收心。

如果我們呼喚天主，也就是要專注於祂，所以我們必須注視祂；我們自由地使用所喜歡的奧蹟。這裡聖女有些很美的篇章，稍微透露她自己的方法。「如果妳們是喜樂的，請看祂的復活；只想像祂如何離開墳墓，妳們就會歡欣喜樂。而且，這是何等的輝煌！又是何等的美麗！何等的莊嚴！何等的凱旋！何等的欣喜！……」（全德之路26．4）「如果妳們遇有磨難，或悲傷時，請看走往山園路上的祂：祂的靈魂承受多麼大的折磨；因為祂已成為痛苦本身，祂述說並哀嘆這事……請看祂被綁在柱子上，充滿悲傷，為了深愛妳們，祂全身傷痕累累；這麼多的折磨。……請看背負十字架的祂，人們甚至不許祂喘口氣。而祂會以這麼美麗、慈愛、淚水滿盈的雙眼注視妳們；只因為妳們前去向祂求安慰，並且回頭看祂，祂會為了安慰妳們，而忘卻自己的悲傷。」（全德之路26．5）

在默想時，做這樣的深思細想是沒有問題的，足以在一些奧蹟中思想祂，注視祂：「『啊！世界之主，我的真淨配！』——如果看祂那樣，會打動妳們的心，妳們就能這麼對祂說；而這時妳們不只渴望看祂，而且還會很樂意和祂說話，不是以現成的禱文，而是發自妳們內心的痛苦；祂非常看重這一點。——我的上主！我的美善！祢如此急需嗎？祢竟願意接受像我這麼可憐之人的陪伴嗎？從祢的表情，我看得出來，祢已由我得到安慰。」（全德之路26．6）這個與天主的交往是祈禱的本質，我們可以從一開始就達到。

當然，努力是必須的：「修女們，妳們會說：這怎能做得到？如果能在至尊陛下行走於人世時，親自以肉眼看見祂，妳們會非常樂意這麼做，並且常常看著祂。妳們不要相信這話，誰若現在不想費點力氣，至少收斂一下視覺，看看在自己內的上主（而這麼做是毫無危險的，只要稍稍用心即可），就不能和瑪麗德蓮，一同站在十字架下，她們親眼看見耶穌的死亡。」（全德之路26．8）

這個道理適用於想起天主臨在的其他方式，因為我們是自由的，可以使用任何願意想的：想耶穌在聖體中、榮福聖三、或聖三中的一位。或者，我們能回想天主臨在我們內——以祂的無限、祂的大能和祂的本質：祂是我們的造主。再者，也能記起我們對祂的依賴——大德蘭自己喜愛這麼做。或者，我們能提醒自己，榮福聖三居住在我們內，為的是被認識、被愛，使我們尚在今世，就能以某種程度享有榮福聖三。無論我們要達到的是什麼程度的祈禱，稍稍費點勁以獲得這個神性的臨在，是值得的！

至於有些時候，因環境的關係，導致我們的祈禱多少有些分心，大德蘭建議幾個方法，幫助我們溫柔地回到天主的臨在：「有助於此的是，帶一張妳們喜歡的上主聖像或畫像，不是拿來掛在胸前，從來看都不看一眼，而是為了經常和祂談話；祂會推動妳們該說什麼。」（全德之路26・9）要好好地解釋這事，我們只需回想聖女小德蘭，她使用耶穌聖容的畫像克服祈禱時的許多困難。「帶本（論及天主的）西班牙文的好書，也是個很大的補救方法。」（全德之路26・10）

充滿活力地開始祈禱的人，藉著進入天主的臨在，會很容易獲知什麼是與天主親密的交往。「如果妳們能……認真地養成習慣，妳們會有好大的收穫，即使我想向妳們說明，我也不知要怎麼說。」（全德之路26・10）

祈禱的第一級

第二十七章中，大德蘭寫的是有關第一級的祈禱，就是默想。她這麼做，把不能奉行「傳統方法」做默想的人擺在她面前。

讓我們設想一下，這個人已經藉著想起天主的臨在準備自己。由於他不能探究一個奧蹟，且從中取得實際的教導，如他在默想書中找到的那樣，他開始唸口禱說：我們在天的父。因為聖女期望心禱和口禱是合一的，〈天主經〉的第一句話給他機會，使他能和天主有個溫情的交談。對這個默想，聖女的建議只有兩個部分：

❶愛的交談，點燃天主愛我們的思想，並渴望以愛還愛。

❷實際應用在我們的生活。

與天主愛的交談

這句禱詞，我們在天的父，使大德蘭吶喊：「我的上主啊！祢如何顯示自己是這位聖子之父，而祢的聖子又如何顯示自己是這位聖父之子！願祢永無終窮地受讚美！上主，如果這話出現在禱文的結尾，就不會顯得這個恩惠那麼的大，是不是？從一開始，祢就裝滿了我們的手，放進如此之大的恩惠，使得理智充滿洋溢，因而占有意志，以致無法說出話語。」

（全德之路27・1）她盡全力使我們理解天主的愛，並且以孩童般的信賴祈禱，深思祂，不是像造物主和至高的統治者，而是像我們的父親，愛和關心我們。

如此偉大的一個真理，足以迷住一個靈魂，而且把她放進默觀中：「啊！女兒們，進展到此地步，完美的默觀是多麼好！多麼正確啊！靈魂進入己內，為能超越自己，而這位聖子才能讓我們明白這地方——即所說的，祂的父居住之地——是怎麼一回事，就是居住在天上。」（全德之路27・1）然而，還沒有論及默觀，因為她首先必須解釋較低層次的祈禱，這時的靈魂必須自己工作。

她開始和耶穌交談，是祂使我們像祂一樣說，我們的父。如同祂，我們是天主的子女：「天主聖子，我的上主啊！為何在一開頭的禱詞中，祢就一次賞給我們這麼多呢？祢已經貶抑自己到如此至極的地步，親自和我們一起祈求，來作我們的兄弟，而我們是這麼卑賤又可憐的東西，祢怎麼還以祢父親的名義，把能給的一切全給我們？因為祢願意祂把我們當作子女，而祢的話是不會落空的？祢迫使祂實現祢的話，這並不是個小小的負擔，因為作為父親，無論我們的冒犯多麼大，祂都必須忍受。如果我們回頭歸向祂，如同浪子一般，祂一定寬恕我們，在我們受磨難時，祂必定安慰我們，必定支持我們，就像這樣的一位父親必會做到的。事實上，這位父親必定比世上任何的父親還要好，因為在祂內，一切都圓滿實現，之後，這一切必會使我們成為分享者，和祢一起成為同繼承者。」（全德之路27・2）

正如一個人能夠默想苦難，例如耶穌被綁在石柱上，感動人去愛祂，同樣，唸〈天主經〉也能推動人深思。這只是一個不同的方法，更深地了解天主對我們的大愛，因而加深我們對祂的愛。

「請看，我的上主，由於祢對我們的愛和祢的謙虛，什麼也阻擋不了祢，總之，上主，祢來到人世，也穿上人性，因而具有我們的本性，好像祢就有了一些理由，可以來關心我們的利益；然而，請看，祢的父親在天上；這話是祢說的；祢重視祂的榮耀也是理所當然的……好耶穌啊！祢多麼清楚的表示祢和祂是合一的，祢的旨意就是祂的，而祂的就是祢的！……祢對我們所懷的愛，多麼寶貴！」（全德之路27．3-4）

決志

每一個好的默想應該也有實際的一面。因此在本章的第二部分，針對剛剛進入祈禱生活的人，聖女建議一些決志。

「雖然我們口誦這句禱詞，卻不求理智上的理解，因為看到祂那樣的愛，會使我們的心化成碎片，現在妳們想想看，這是合理的嗎？」（全德之路27．5）所以，第一個決志是：尋求愈來愈認識天主的慈愛。「世上有哪個兒子，若有父親非常好，又有這麼大的尊威和統治權，怎麼會不力求認識他的父親是誰呢？」（全德之路27．5）

第二個決志是更普遍的：「妳們有很好的父親，祂把好耶穌給了妳們。在這裡，不要有人認識且談論其他的父親。我的女兒們，務必努力，使妳們堪當在祂內獲得愉悅，能投入祂的雙臂中。」（全德之路27．6）這只是記起與天主親密的理想，再加上準備人達到與主親密應有的慷慨生活。「妳們早已知道，如果妳們是好女兒，祂就不會拒絕妳們。那麼，為了不失去這位父親，誰會不努力呢？」（全德之路27．6）

這樣，我們有了一個真正的默想，這是每個人能力所及的默想。誰能說他無法唸〈天主經〉，也不能想這禱詞的意思呢？又怎麼能知道這份偉大的愛，卻不要做慷慨的決志呢？在日常生活中收心會變得比較容易，因為在祈禱中真的和天主愛的交談，能加強一個對天主臨在的覺察。

聖德蘭以深思聖三結束這個部分，這是相當有意思的，因為她尚未有聖三的體驗，這是她再過十年之後才享有的：「不論思想多麼凌亂，在如此的聖子和聖父之間，必定有聖神，會激發我們的意志去愛，並以至極無比的愛使妳們和祂連繫在一起，即使妳們有非常大的神益，也不足以獲得這個連繫。」（全德之路27．7）

第十二章　收心的祈禱

「在天上」

第二十八章，大德蘭開始談論另一種祈禱方式，廣義地說，能稱為第二步，因為在其中，收心比一般的祈禱更強烈，在祈禱的成長上，也真的是開始一個新的階段。

第二級的祈禱

雖然聖女大德蘭描述它，我們能比較容易理解收心的祈禱，相當簡單地，說它是在我們內修行天主的臨在。這意指主動的修行（不是屬於灌注祈禱的被動修行，聖德蘭在《靈心城堡》的第六住所第三章寫得很詳細），一個主動的修行，得自在信德的光照下，理智和意志的共同努力。因此，這和前一級的祈禱確實有些相同之處，如我們說過的，始於一個天主臨在的動作；不過，這裡是天主在我們內完成的。這成為靈魂的一個主要的專注，後來，一個人能用之於其他的祈禱方式，無論是口禱或默想。

然而，由於感官、想像、理智很像許多的窗戶，向外面的世界開放，這樣，我們很容易走出去且迷失，一個人想要保持天主在他內的陪伴，必須把這個能應用於一個內在的對象：天主。祂，以知識的角度來說，經常在我們內，雖然我們沒有覺察。祂也能讓自己被感受出來，但卻由祂來取決。

我們如何能和這內在的對象建立關係呢？答案是透過信德的注視。

我不是說，一個懂形上學的哲學家，不能使自己覺察天主在我們內的臨在，我的意思是，很少人能單單以理性來把握，因為造物主是無限和全能的，祂在所有的受造物之內。所以，天主顯示祂的無限臨在（如一般所說的），為此，眾人能以信德知道祂的臨在。

信德所說的是天主在靈魂內的另一種臨在，這單靠理智不能發現：經由恩寵的榮福聖三的臨在。不像那無限的臨在，這不只是一個行動的臨在——保存我們生命續存的行動；更好說，這是一種「**生活在一起**」的臨在，天主藉此與我們分享祂的生命。透過聖化的恩寵，天主來居住在靈魂裡，有如在祂的聖殿中，藉著認識與愛，靈魂能與天主有充滿活力的交往。天主把祂自己給我們，使我們甚至在今世就能認識、愛慕和享有祂。

然而，人之享有天主是被動的——人不能憑己力獲取——因為是來自聖神的禮物。雖然如此，凡處在此恩寵境界的人，都擁有這些恩賜，而且，也因此有可能直接享有天主。

那麼，可能有人會說，當天主願意時，祂把自己給人享有，不過，被人認識和愛，是當我們願意時，有三超德為此就足夠了。要獲得愛、孝愛的交往，有信德就夠了。聖十字若望寫道，信是確實而又黑暗的認識（攀登2・3・1）。

收心祈禱的本質是三超德的極度修練。

人的靈魂是天堂，他可以關閉自己與天主生活在一起。避開受造物，他尋求聖三，他「信德的眼」會尋獲。經過如此的忠心修練，一陣子之後，大德蘭強調，他會發現，他能和天主親密地交談，他能注視祂，對祂說話，而不必用話語——雖然也常會湧現言詞。人默默無言的愛就夠了，天主會以祂的光來回應。真的，他不會覺察這個神性的行動；雖然如此，這的確是真實的。沒有新的內在經驗，可是天主就在門口。

因此，人應該平靜他的官能，使他的感官避開外在的事物，專注於臨在他內的天主。

「這樣，凡行走此路的人，幾乎總是閉上雙眼祈禱，由於許多的理由，這是個極好的習慣，因為這就是努力不留意世上的事物。開始時需要這麼做，後來就無需努力了，反而在祈禱時，若想張開雙眼，則必須更加費力。」（全德之路28・6）甚至連想像也保持安靜，使理智能更容易地運用於天主，致使收心得以強化。這種祈禱方式，逐步漸進地，使我們習慣留守於天主的陪伴中。

一旦我們領悟天主在我們內的臨在，與祂結合的生活就開始了，因為這不只是做為祈禱開始時的一個動作，如同在前一個階段那樣；這是此一祈禱的實體。在整天的生活中，更容易維持一種活潑的覺察，不只是在祈禱的時間裡。

在祈禱時，再開始這個與天主的親密交往，一個人能以任何方式繼續祈禱：或延長愛的單純注視、或以聖德蘭教導的方法唸口禱、或繼續他愛的交談、或做個真實又適當的默想——例如默想苦難——在他的靈魂深處，和在那裡的耶穌同在。

收心的祈禱能兼具任何方式的祈禱。

益處

大德蘭注意到收心的等級有許多：按照個人的努力，能有深或淺的強度。其強度並不完全在於我們——因為我們的心理狀況確實造成影響——不過，其益處卻在於強度。

聖女指出三個益處：

❶ **獲得對感官某種程度的掌管**。他努力平靜感官，保持它們不隨從所得的印象，使他達到某種程度地掌管它們。現在他能夠平息它們，不只在普通的日常生活中，尤其是在祈禱的時間裏。這是很重要的，不讓發生於他的事造成分心，是聖十字若望推薦的㉓。他說，在理智內總會有些活動㉔，想像常常會使理智分心，不過，如果一個人有很好的開始，理智會比較容易回到收心。

23. 參閱聖十字若望的第三個勸言：「……你會全力勤勉地使你的思想避開團體裏所發生的事，更不要去談論……如果你渴望去思量任何的這些事，即使你生活在天使群中，你也會認為他們中有許多位是不妥當的，因為你不了解他們做事的理由。
天主願意的是，要你保持靈魂的純潔與真誠，與祂同在，不許這個或那個的思想使你分心……如果你不這麼做，你必不能獲得神聖的超脫和收心。」

❷在收心的人內，**更容易點燃天主的愛**，因為他更活潑地覺察天主的臨在。

❸**收心的祈禱為默觀的祈禱做準備**。過渡到灌注的祈禱，可能是在不知不覺中發生的。一個主動收心的人，吸引天主臨於他，這樣，收心的祈禱為寧靜的祈禱提供最好的準備。聖德蘭時常提到為獲得灌注祈禱的這個準備，甚至提及它與成全默觀的關係：「許多次的返回再進入之後（亦即，意志多次召回感官，進入收心），上主樂意，使感官完全留守於完美的默觀中。」（全德之路28．7）

有益的修行

聖德蘭建議三個修行，能幫助我們獲得主動的收心。前兩個屬於開始祈禱時，第三個是在日常生活中容易收心。

祈禱，最主要是認識與愛的行動。雖然愛產生結合，愛必須受認識引導：在我愛天主之前，我必須知道祂存在。所以，這三個修行，首先是理智上的修行：切實地理解天主臨在我們內。換句話說，就是理解我們內的富裕，因為聖德蘭說，這個神性的臨在，和我們擁有的恩寵與德行有關，應該加以培育，以增加和天主的結合。

「那麼，細想在我們內的是個華麗至極的宮殿，整棟建築滿是黃金和寶石，簡而言之，

24. 聖十字若望，《攀登加爾默羅山》2．12．8：「對於這樣的人，必須告訴他們，要學習在寧靜中，以愛注視天主，不要留意想像及其作用……」
2．13．3：「我不說，想像會停止來來去去，因為甚至在很深的收斂中，想像常是自由地遊蕩，但是靈魂不喜歡故意地讓想像專注在其他的事上。」

就是適於我們上主的皇宮；也想想，這座宮殿之所以這麼華麗，也有妳們應盡的部分，事實也是這樣，因為沒有一座建築物的美麗，比得上潔淨又充滿德行的靈魂，德行愈卓越，寶石也愈燦爛輝煌；再想想，在這座宮殿中的是這位偉大的君王，祂慈悲為懷，成為妳們的父親；祂坐在貴重至極的寶座上，那就是妳們的心。」（全德之路28．9）

「不要想像我們的內在是空的」（全德之路28．10）；我們在己內擁有寶藏，她悔恨自己因無知，有許多年不知此事。「天主保祐，但願有此疏忽的只是女人。」（全德之路28．10）這裡，她說的顯然是《自傳》所敘述的那事件：她請教某位神學家關於天主在我們內的這個臨在，他無法回答她。

大德蘭提及天主在我們內的臨在，同時伴隨著與恩寵一起來的德行。這個皇宮能經常輝煌有加，因為領洗時貯存在我們內的富裕，我們能發展出來。在某種意義下，我們能說榮福聖三更靠近我們，因為，當德行在靈魂內增加時，我們會準備得更好，進入與天主充滿動力的交往。

不過，這第一個修行針對的是理智，對於達到與天主親密結合並不充足。

在這一點上，我們找到以下這句著名的格言：「由於祂一定不會強迫我們的意願，祂接受我們給祂的一切；然而，除非我們完全給出自己，祂也不會把自己完全給我們。」（全德之路28．12）這句話指出德蘭靈修的本質：人必須開放他的整個靈魂，讓天主的旨意侵入。

聖女小德蘭的甘作全燔之祭是最好的表達：「**親愛的主，我願成為祢愛的獵物**」，祢聖意的獵物；這就是經常欣喜於祢所做的，同時，經常努力取悅祢。她的捨棄無非是被動的；就是主動地順從天主的旨意。當人做默想有困難時，慢慢地誦唸這個獻於仁慈的愛（Love 即天主）的奉獻禱詞，是一個很好的祈禱方法。

天主「**祂不會在靈魂內工作，如同祂在完全屬於祂、沒障礙的靈魂內工作一般……完全協調是祂所喜愛的。**」（全德之路28・12）

當天主使人與祂結合，祂使人舒展擴大，使我們能以屬靈的方式，進入無限的深淵，不過，這在於他獻出整個意志給天主。祂尋求人的許可；人必須開門，使天主能進入，且吸引靈魂親近祂。

聖女返回所註解〈天主經〉中的話（祢在天上），她說，如果天主在靈魂內，如同在天堂，祂的天朝諸聖，也會以某種方和祂相偕。

事實上，天朝諸聖的臨在只限於，我們以他們的名義所做的事，在天主內他們所知道和看見的。大德蘭注意到，他們的臨在並不阻礙我們和天主的獨處，在天堂上也不會阻礙。就獨居生活的實質幸福而言，人會是一個深度的獨居者。在幸福的神見中，通傳給靈魂的祕密是無法訴說的。

因此，人獲得收心祈禱的兩個工具，亦即，藉著覺察天主的臨在，使他內在的富裕具體地落實，並且在那時，他們完全地自獻於天主。

準備人獲得收心祈禱的第三種方法，是整天修行天主的臨在。有許多可能的實行方法，例如，使用外在的事物，內心回想天主的無限臨在，或天主的居所。

「我達到此一結論，凡希望獲得這種祈禱的人——因為，如我所說，這是我們能力所及的——，對於我所說的，要不厭其煩地養成習慣，也就是逐步漸進的自我控制，也不再徒然勞碌；為了他的益處克勝自己，即是為了內在的生命，使用感官。」（全德之路29．7）在一整天中，「如果他在說話，要努力記得在自己內是和誰在說話。如果是在聆聽，則要記得，所聆聽的這位比誰都靠近他。總之，務必記得，假若他願意，就絕不能離開這麼好的伴侶；他要感到難過，因為許多時候讓他的父獨處，而他是那麼地需要祂。如果可能，一天中要多次收斂心神，如果辦不到，就次數少些。一旦養成習慣，遲早會體驗到其中的益處。等上主恩賜這樣的收心之後，什麼寶物也無法與之交換。」（全德之路29．7）

「然而，無論學什麼，總是得下點工夫，修女們，為了天主的愛，妳們要認為，認真地付出時間於此收心，是很好的修行。我知道，賴天主的助佑，如果妳們這麼做，一年或可能半年之內，妳們就能學有所成。請看，用這麼少的時間，卻得到這麼大的收穫，如同奠定很好的基礎，倘若上主想要提拔妳們達到高超的事物，祂會發現妳們已準備妥當，而且很靠近祂。但願至尊陛下保祐，不許我們讓自己避開祂的臨在。」（全德之路29・8）

第十三章　寧靜的祈禱

「願祢的名被尊為聖，願祢的國來臨」

接下來的兩章，大德蘭專研寧靜的祈禱，這是一種超性的祈禱，不能靠己力獲取。她注意到，天主自己連結這兩個祈求：「願祢的名被尊為聖，願祢的國來臨」，祂知道「由於我們能力的渺小，無法相稱地崇敬、讚美、稱頌、榮耀永恆天父的聖名，除非至尊陛下為我們做好準備，在今世就賜給我們祂的國。」（全德之路30・4）除非人極其愛天主，他不能完美地讚美祂。

第三級的祈禱

這是第二次，聖女高舉我們的思想上達天堂；第一次是她註解「在天上」時；現在的目的則是要指出，在寧靜的祈禱中，我們預嚐天堂上將會擁有的。她的思想很容易高舉，與天堂的真福交往；當她回到現世的生活，她渴望所有活著的人都讚美天主。

讓我們回想聖女大德蘭的《靈心城堡》㉕，及聖十字若望的《靈歌》㉖中所寫的，書中解釋福境的祈禱（fruitive prayer）談到一種洋溢喜樂的感受，來自人體驗到天主的慈善。雖然如此，在這一點上，我們還沒有談到祈禱上的崇高境界。不過，當人品嘗了天主的愛，他更認識天主，也更讚美祂。傾心迷戀天主的這顆心，自然地給祂榮耀和光榮，因為這心知道祂的慈愛，已經體驗祂的甜蜜。

「在天國裡，最大及許多的福分，是已經不再看重塵世的事物，而是在我們內有一種寧靜和光榮，歡欣於萬有皆歡欣。在我們內有一種永恆的平安，一種很大的滿足，因為看見萬有都崇敬、讚頌上主，讚美祂的聖名，沒有人冒犯祂。萬有都愛祂，而靈魂除了愛祂，什麼都不想，也不能停止愛祂，因為靈魂認識祂。」（全德之路30・5）

一個人愈深地認識天主，其中帶有一種體驗性的知識，也更被吸引完美地讚美和愛祂，因為默觀的知識，和對榮福之境的認識有密切的關係。

「像這樣，我們在今世愛祂，雖然不是這樣完美，也不持久。然而，如果我們認識祂，我們愛祂的方式會很不一樣。」（全德30・5）

當然，我們還不能擁有天國，因為是不屬於今生的；不過聖女察覺，在今世，我們能開始有某種程度的獲得，靈魂逐漸地擁有，是藉著祈禱和默觀獲得的。

「好像我要說的是，為了做此祈求，並唸好口禱，我們必須成為天使。」（全德之

25.「我認為，這是個官能的崇高結合，不過，我們的上主讓官能自由，為能享受這個歡樂，感官亦然，不知道所享受的是什麼，或是怎麼享受的。……對靈魂而言，這是個超量的歡樂，她不願獨自享受，反而要曉諭眾人，使大家幫她讚美我們的上主……這應該是聖方濟的感受，當他碰見那些強盜時，他走在田野間，放聲大喊，告訴他們，他是偉大國王的先驅。」（靈心城堡6・6・10-11）

路30・6）在某種意義下，這是一個真實的渴望，至少只要人能效法他們完全專注於讚美天主。我們尋求祂的國，不只在天上，也在世上。

所以，大德蘭認為理當渴望這個更深奧的祈禱方式，這祈禱賜予對天主的一種體驗的認識。「非常確定的是，祂不會要我們祈求不可能的東西；這是可能的，賴天主的恩惠，是居此流放之地的靈魂能獲致的，雖然並非完美，如同已經離開監獄的靈魂，因為我們仍在海上航行，處在路途上。不過，有些時刻，因行路而疲憊時，上主來靜息官能，使靈魂寧靜；好似透過一些記號，讓我們清楚了悟，獲知上主帶領進入天國者，祂所賜予的是什麼。」（全德之路30・6）

「那些在今世就已獲得我們所祈求的人，祂給予信物做為擔保，使他們懷有大希望，將永遠享受在今世只嚐到一小口的福樂。」（全德之路30・5）

這是大德蘭的思想：基督已經結合「願祢的名被尊為聖」和「願祢的國來臨」這兩個祈求，指示我們也應該結合它們。祂希望我們的整個生命在讚美中度過，因著對天主的一些體驗的認識，得到最好的支持。於是開始一個非常單純的默觀階段，在其中，一個人不運用想像和觀念，而是靠著一種嘗到天主的愛前進。

大德蘭半請求原諒地說及默觀，因為她原本許諾只限於談如何做好口禱。不過，由於她說了，天主往往從善唸口禱中，提拔靈魂達到完美的默觀，於是她趁此機會談默觀，雖

26. 參閱聖十字若望《靈歌》9、14和15。「在這神性的結合中，靈魂看到也嘗到豐盈、無量的富裕，找到她渴望的所有休憩和娛樂，並且了悟天主奇異奧妙的祕密和知識，這是另一種她所品嘗的最好食物，也在天主內感受一種令人懍然生畏的能力和力量，超越其他所有的能力和力量，她在其中嘗到了美妙的靈性溫柔和愉悅，找到真正神性的靜息和光明，卓絕地品嘗天主的智慧，這智慧閃耀著受造物和天主之行動的和諧，她感到充滿福祐，且遠離和淨除惡事，還有，最重要的，她了悟並享受無量的愛之食品，使她堅定於愛。」（靈歌14・4）

然口禱真的是她在此的主題。她說，口禱和默觀是緊靠在一起的，她舉出一個她認識的人為例，那人除了唸〈天主經〉，什麼都不會；不過她非常虔誠地誦唸，用上整個的小時，而且「雖然只唸〈天主經〉，她已有了純默觀，而上主舉揚她，在結合中與她共融。」（全德之路30．7）

描述寧靜的祈禱

到了第三十一章，聖女大德蘭寫她個人的經驗。這個祈禱的境界能有各種等級；這如同其他的事，沒有兩個人是一樣的。然而，這並沒有使聖女感到難於下筆，她似乎對此觀念非常自在，在整部書中談論全德之路。

她已在《自傳》敘述過，她那時解釋「第二種取水的方式」，到了寫《靈心城堡》時，她會再論及這事。

大德蘭採用屬靈女兒們對她的訴心，以她們的經驗談各種不同的恩寵，不過，大多半她說的是自己個人的經驗。「那麼，女兒們，我還想說明這個寧靜祈禱——由於我曾聽人談論過，或者說上主願意使我了解，或許是為了能告訴妳們。」（全德之路31．1）

「在這寧靜祈禱中，如我說過的，上主似乎開始顯示祂聽見我們的祈求，開始在這世上，將祂的國賜給我們，好讓我們真能讚美、崇敬祂的聖名，並努力使眾人也同樣讚美和崇敬。這個寧靜祈禱已是超性之事……」（全德之路31・1—2）

聖女大德蘭說的超性，究竟是什麼意思呢？甚至我們按慣例做的祈禱是超性的，只要在我們擁有的恩寵上，祈禱被提拔到高超的等級。聖女用這個字詞，不是以這個意思來說的，而是以一個特別的意義，因為在她的思想中 起始的推動來自天主，不是來自我們：這是個被動的祈禱。這裡，再一次，對這個字詞的含意，我們必須謹慎。被動的，並不表示放任（laissez-faire），沒有個人的行動，而是指我們不能以努力獲取這個祈禱；我們只能備妥自己來接受：「並非靠自己勤奮努力能獲得的。」（全德之路31・2）

這事的背後存在一個超性的事實，像這樣的祈禱，取決於聖神七恩的行動，不是因我們的努力會起作用的。它們完全取決於天主。我們只能準備自己。

寧靜的祈禱是初始的默觀祈禱，人覺察出來不是他單獨在工作。往往天主已經做了工且引導著他，他卻對此無所知覺。然而，突然間，他漸漸明白他生命中的一個引導，這不是單憑自己獲得的，而是來自更深的心靈經驗。

「靈魂置身於平安中，或上主把靈魂放在祂的面前，更好說是，如同祂對待義人西默盎一般，因為所有的官能都已靜息。透過一種遠非外感官能了解的方式，靈魂領悟出來，他已經很靠近他的天主，並且不消幾下子，就會達到與祂結合。」（全德之路31・2）結合真的是寧靜祈禱的極度強化。

雖然如此，即使這個寧靜的祈禱能以聖神七恩的介入來解釋，這個介入仍不足以解釋福境結合的祈禱，此乃得自天主在意志上的直接行動；神學家稱之為「神性的實體接觸」（divine substantial touch）。

聖德蘭繼續說，「這並非因為用肉體或靈魂的眼睛看見的。」（全德之路31．2）靈魂的眼睛是想像；肉體的眼睛，意指感官，使我們與外在的事物接觸。

「義人西默盎看見的榮耀聖嬰，無非是個貧窮的嬰兒；根據嬰孩的襁褓及隨行之人寥寥無幾，西默盎能夠斷定祂是窮人之子，而非天父的聖子；然而，嬰孩親自讓西默盎明白。像這樣，處於寧靜祈禱中的靈魂是如此理解的，雖然沒有這麼明晰。」（全德之路31．2）這就是，不是藉著一種來自感官的認識，而是來自內裡，靈魂從內得到經驗。這是一種經由愛而來的認識。

認識往往來自一些經驗，然而經驗有兩方面：

❶經由感官，從外而來，例如，看見壯麗廣闊的景色，使人讚嘆：「那創造者必是多麼的美！」這個思想激起愛。

人也能以想像這麼做。設想某次曾經看過的風景，彷彿置身其中，我們能形成觀念，使我們產生對天主的愛。

❷內在的經驗，這是相當另類的事。

愛德的愛是一種友誼，一種彼此的祝福。我們渴望給天主美好的事物，然而祂渴望給我們更多，且吸引我們親近祂。這個吸引有不同的強度；有時這麼隱藏，致使一個人無所覺察；有時則這麼強烈，使他覺得自己是天主的俘虜。這超越感官和想像的經驗；是愛的經驗；它反映在理智上，不是激起觀念，反而導致一種「**天主感**」（sense of God）。人漸漸了悟，他感到自己被俘虜的這位天主，是這麼獨一無二，這麼偉大，這麼超越萬有，沒有什麼能與祂相比。這和前述1）中說的，由觀念喚起愛無關；相反的，理智經由愛得到認識。

沒有一些「**天主感**」的人，無法適當地幫助自己歸向天主。我們並不是說，藉著寧靜的祈禱，天主應該給這個恩惠。聖十字若望和聖女大德蘭的靈修經驗，比里修的小德蘭更容易辨識出來。小德蘭的「**天主感**」是非常隱藏的，雖然非常深奧。

靈魂「**不懂自己是怎麼懂得的。但是，他自知在天主的國內，至少靠近那位會將天國賞給他的君王；靈魂彷彿滿懷順服，甚至不敢祈求什麼。**」（全德之路31．2）這人不必了解是如何發生的。最重要的事不在於理解，而在於擁有這對愛實際體驗的認識。

這來自天主的吸引，是在何處感受到的呢？

在意志；因此，大德蘭說，意志覺得自己是個俘虜。另外兩個官能也能被迷住，不過理智和記憶常是自由的，事實上，它們無休止的行動讓靈魂很苦惱。

意志這麼滿足於被天主吸引，進入祂的擁抱，它一點也不願再有自己的自由。談及寧靜的祈禱時，聖女總是強調這點。我們想起聖奧思定：「**天主啊！祢為自己造生了我們，除非安息在祢內，我們的心不會安息。**」㉗在這裡，人體驗到一種平安，傾注進來，遍及他的整個存有，雖然其他那兩個仍自由自在的官能，可能會造成阻礙。

由於意志被天主吸引住，它不能分心離開天主，可是理智卻能夠分心，如果靈魂隨從理智，他也會隨之心神分散，擾亂意志的靜息。當意志在享受天主時，理智覺察這事，尋求以其本性的工作介入，對於意志所享有的形成觀念，因為理智的本性傾向是理解；記憶也提供屬於它的部分。無論如何，理智發現它不能充分地領悟這經驗，因為它無法表達。如果一個人讓自己隨從理智和記憶的本性行動，想要形成觀念，他會很快分心，離開意志所享有的愛的注視。

不過，當天主更強烈地吸引靈魂時，對理智的影響這麼強烈，連理智也會安靜下來。在意志上的吸引愈強烈，在理智上的「天主感」對會愈深入。

27.《懺悔錄》1・1。

勸告

聖德蘭給的第一個勸告，是避免很不明智的舉動。有些得到這愛之經驗的人，害怕移動，甚至也怕吸呼，為了要延長這個甜蜜的經驗。大德蘭提醒他們這是超性的事，人的努力，既無法獲取，也不能使之延長。

然而，在此時深入獨居和收心是很好的。聖十字若望說㉘，讓被獨居之愛吸引的靈魂忙於俗世事務，是一個罪行，因為獨居是發展這些恩寵的氛圍，使靈魂向更純潔與更深入的愛開放。

第二，大德蘭寫道，如果在此祈禱中，人開始覺察理智想要把握所發生的事時，他必須不去留意這個渴望。如果他跟隨理智的行動，想要了解，他會變得分心走意。人能做的只有一件事，那就是保持寧靜；事實上，神學家說是半被動的祈禱（semi-passive prayer）。在結合的祈禱中，靈魂會完全被天主帶走，他沒有什麼可做的。

「凡蒙天主賜予這樣信物的靈魂，就表示天主還要多賜恩惠；如果不是由於靈魂的過失，他將會突飛猛進。」（全德之路31．11）為了完全屬於祂，人必須發展很大的慷慨和超脫。聖女強烈地堅持這一點，而這是第三個勸告。否則「如果上主看到，將天國賜予靈魂的內室之後，他卻轉向塵世，上主不只不會把天國的祕密顯示給靈魂，而且賜恩的次數會很少，時間也很短促。」（全德之路31．11）

28. 聖十字若望所著《靈歌》29．2：「應該注意，靈魂尚未達到愛的結合境界之前，要同時在活動和默觀二種生活中修練愛。然而，一旦她已經達到，就不該涉入其他的工作和外在的修練，這些能夠是靈魂以愛專注天主的最輕微阻礙，即使這工作是服事天主的很大事功。因為少許這樣純潔的愛，對於天主和靈魂都是更為寶貴的，且更有益於聖教會，即使看來好似人無所事事，實則遠勝於其他所有工作的總和。」

結論

本章的討論集中於在祈禱時洋溢的寧靜祈禱，不過還有第二種方式，在日常生活中繼續的寧靜祈禱。就是在履行日常職務，專注於對天主的外在服事時，他的意志能維持與祂結合。「那最好的部分，亦即意志，已不在了。我認為，意志此時已和它的天主結合，而讓其他的官能自由，靈巧地投入服事祂的工作。為此，它們那時反而有更好的能力；但若是處理世俗事物，這些官能卻是愚蠢的，有時就好像是如醉如痴一般。」（全德之路31．4）

這個經驗是非常有價值的：「凡獲得上主此一賜予的人，是很大的恩惠，因為他的活動和默觀生活已結合在一起……就這樣，曼德和瑪麗結合在一起。」（全德之路31．5）

第十四章　獻出自我與結合的默觀

「願祢的旨意承行於地，如在天上」

第三十二章是《全德之路》中最重要的篇章之一。聖德蘭註解〈天主經〉已談及祈禱的各種等級；這裡她開始探討全德生活與祈禱至高等級的關係。這一章結束大德蘭註解〈天主經〉的第一部分，及對祈禱等級的解說。

第一節是個橋樑，銜接之前的思想，並確定整章的筆調，此乃慷慨的德蘭靈修氛圍。接著以雙重的效果：完美或結合的默觀與結合的境界，來敘述奉獻個人意志給天主的重要性。

由於本章帶領讀者達到祈禱的頂峰，我們可以說本章是《全德》的核心。

我們知道聖德蘭的絕對感，她不喜歡做事半吊子；她希望給出全部，也確信天主會在這事上幫助她，天主甚至幫她做更大的事。

這是人的回應，答覆天主對他所做的一切。天主讓大德蘭了解，甚至在今世，祂願意給她祂的國，希望轉化她成為一個天堂，在其內不停地迴響祂的完美頌歌。她想起天主給她的這個禮物，連同神性的子女關係——〈天主經〉的首句所肯定的——，所以，她希望也能回報祂一些什麼。耶穌，祂教我們這個偉大的禱詞，也和我們一起祈求，把我們的意志獻給祂，作為回報。祂受造物的意志，是個小東西，然而凡完全給出意志的人，就是給了一切所有，因為，在實行時，個人的力量取決於意志。

因此，大德蘭批評那些膽小的人，他們不敢做此祈求說：「願祢的旨意承行」，因為他們害怕被俯聽，得到所知道的磨難。如果是為了謙虛，他們不敢祈求，聖女同意這事，雖然她確實觀察到「給予他們『愛』的那位（譯按，意指上主），使他們祈求這麼嚴厲的方式，以表達他們的愛，祂也會賜予他們承受艱辛的能力。」（全德之路32・3）

完全心甘情願

「在我告訴妳們所收穫的是什麼之前，我要對妳們說明，妳們要獻出的是很多的，免得後來妳們說被騙，又說妳們不懂……因為說放棄我們的意志，順服於他人的意志，聽來非常容易，直到從經驗得到證實，我們就會了解：如果要做到所該做到的，這能夠是最艱難的事。」（全德之路32・5）有時候，長上可能向我們要求超出我們能力的事，因為她們不知道我們的能力。可是天主什麼都知道，祂絕不會要求任何我們做不到的事，祂從不缺少恩寵，必會賜予恩寵的助祐。

這是大德蘭的著作中，最美的篇章之一。「我願意勸告並提醒妳們，祂的旨意是什麼。妳們不要怕，這表示祂會給妳們財富、歡樂、榮譽，或所有這些世物。祂對妳們的愛不是那麼少的，」（全德之路32・6）

她毫無疑慮，一定會有受苦的事；沒有人的生命是不受苦的；這是天主計劃的一部分。如果祂送來什麼受苦的事，這是祂偏愛的標記。耶穌走過這條路；因此，如果有人像祂一樣被看待，這是因為天主愛他：「祂重視妳們給祂的奉獻，祂要好好的回報妳們，所以，祂在妳們還活著時，已將祂的國賜給妳們。」（全德之路32・6）

奉獻意志和祂的國之間，有著明確的關係。當一個人是慷慨的，天主待他也慷慨。「妳們想看看，祂如何對待真心對祂說這些話的人嗎？問問祂的光榮聖子，當祂在山園中祈禱時，就是這樣說的。那些話是以堅定的決心，及完全的甘心情願說出的，請看，經由給予祂的磨難與痛苦、凌辱與迫害，直到祂的生命告終，死在十字架上，天主的旨意是否完全應驗於祂？那麼，女兒們，看看這裡，祂給了祂的至愛者什麼。」（全德之路32・6—7）

對祂所愛的人，什麼是祂的喜悅呢？當然是他們的聖德，所以，祂必會給他們機會增進聖德，指示他們祂聖子的足跡，邀請他們步隨相同的道路。「這些就是在今世祂給予的禮物。」（全德之路32．7）沒有受苦，不能成為一個聖人，然而，當我們不去想痛苦，最重要的，當我們不去分析痛苦時，我們能更慷慨地受苦。在受苦時，人必須更注視著天主，而不是看著自己，也要記得祂給予的這些禮物，「根據祂對我們所懷的愛：祂愛得較多的人，給的這些恩賜也較多；愛得少的，恩賜也少。」（全德之路32．7）

另一個規則是，痛苦總是與愛相稱的。「那愛祂很多的人，……也能為祂受很多苦；愛得少的，能受的苦也少。……我們能負荷的十字架，其大或小取決於我們的愛。」（全德之路32．7）

聖女結束本章的第一部分說：「我在這本書中勸告妳們的一切，總是朝向把我們全獻給造物主，把自己的意志交給祂，並超脫受造物。」（全德之路32．9）在本書中，聖德蘭懷有雙重的目的：鼓勵人藉著給出他的意志，完全地獻給天主，及超脫受造物。這兩件事是互補的；前者沒有後者是不能存在的。一個人把自己整個給天主，經常奉行祂的旨意，而不把受造物放在其應有的位置上，這是不可能的。

至於這個慷慨自獻的果實，大德蘭並沒有在明確的章節中連續地列舉，然而我們能從文中的各處找出來。這靈魂

❶以最好的方式預備達到完美的默觀；

❷被引領達到完全的轉化，亦即達到神化的境界；

❸強有力地贏得天主的心，為教會及人靈的益處所祈求的，無論是什麼都會獲得應允，這是因為，可以說，天主還回他的意志，欣喜於實現他的願望。

最高的祈禱等級

完全獻出意志，是達到完美默觀的必須條件：藉此奉獻「**我們準備著，要非常快速地走完路途，並從所提過的水泉喝到活水。**」（全德之路32．9）不過，「**因為沒有把我們的意志全交給上主，使祂能在一切屬於我們的事上，都合乎祂的旨意而行，我們就絕不許喝到那水。**」（全德之路32．9）這裡要注意，何以完美的默觀通常賜給已做此捨棄的靈魂，因為我們知道，對聖德蘭而言，活水的基礎是結合的祈禱，或完美的默觀，如她清楚說的，「**那水……即完美的默觀，也是妳們要我寫的。**」（全德之路32．9）

寧靜的祈禱是靠近水泉，是達到結合默觀的一個幫助。如果我們以完全獻出自己的意志，符合第一個恩賜（譯按，指寧靜祈禱），使天主可以在一切關於我們的事上，實現祂的旨意，那時祂會賜予活水。

對把自己徹底交在天主手中的人，天主完全地擁有他，時常會賜給他這個結合的祈禱——並非總是以相同的程度，如我們已獲知的聖女小德蘭——祂確實會給予（結合的祈禱），然而，祂給予尚未做此徹底給予的人，只是例外的情況。

為此，聖女描述一些成全默觀的特質：靈魂不再歸功於她的活動：「在此……我們這方面，什麼也不必做，既不必勞苦工作，也不必交涉談判，也不需要更多的什麼，因為所有其餘的都會阻礙、干擾我們說 fiat voluntas tua（爾旨承行）。」（全德之路32．10）

接著：「我們的作為愈流露出並非恭維的話語，上主愈會把我們帶到近旁，高舉靈魂超越一切世物和他自己，使之能領受大恩惠。」（全德之路32．12）在結合的祈禱中，天主能夠這麼強烈地吸引靈魂，致使她幾乎失去與周邊生活的連繫。「祂絕不會不在今世給予酬報。祂如此看重此事（即奉獻意志），我們不知要如何為自己祈求，而至尊陛下從來都不會倦於給予。因為，祂並不滿足於靈魂只經由結合，和祂合一而已，祂會開始和靈魂同樂，透露祂的祕密，欣喜於靈魂明瞭自己的收穫，也獲知祂給予靈魂的。祂使外在的官能喪失，是為了不讓任何事物占有靈魂。這就是出神。」（全德之路32．12）

這是默觀的恩寵。大德蘭只簡潔地談及它們；後來在《靈心城堡》的第五和第六住所，她會詳細解釋。她為靈修指導者，及體驗過這些效果的人寫《靈心城堡》，為使他們安心，當他們有所體驗時，自知不是什麼怪異的事。不過，在這裡，她似乎不必特別論述這事；知道伴隨完美默觀的其他恩寵，只是寧靜祈禱恩寵的強化，這樣就夠了；寧靜祈禱藉愛而通傳，那愛更容易點燃於完全超脫的人。

全德生活的進步，與祈禱生活的發展，兩者間有著緊密的關連。神性之光更豐沛地散佈在靈魂的中心；當他更向內成長，他發現自己沉浸在更大的光中，甚至會覺察和體驗出來。

因此，靈修生活的發展，就某種意義而言，和各種祈禱有密切的關係。的確，高級的神祕祈禱——屬於第五、六、七住所——並非構成靈修發展的一個整體部分，因為不能單憑聖神的活動來解釋；還要有徹底發展的恩寵，「準備」靈魂獲得這些福境的結合（fruitive unions）。

在第五住所，靈魂和天主的結合成為完全的：從中湧現一種慷慨的生活，人死於自我，以重生為神性的生命。接下來的兩個住所，這個結合的恩寵持續發展，達到完全侵入他，而且變成習性。

聖德蘭描述《城堡》最後住所的富裕時，她肯定地說，像這樣的恩寵，為聖德並非必須的，天主可以帶領靈魂達到成全的生活，無須神祕的結合。聖神的光照——和聖德是分不開的——能夠幾乎覺察不出，同時很深地徹入達到成全境界之靈魂的生活。

總之，最崇高的神祕恩寵，其目的是靈魂與天主之間完美的愛，凡真愛的人，就更被吸引去給予，甚於去獲得。因此，神祕結合之珍貴，聖德蘭往往更愛意志合一、倫理成全的結合；她希望靈魂以完全的獻出自我，使自己的意志和天主的聖意完美合一，來準備獲得神性的結合。

因此，我們再回到獻出自己的意志。

「上主，願祢的旨意以祢、我的上主，所願意的任何方法和方式實現在我身上。如果祢要的是磨難，請賜我堅強有力，並使之來臨；若是迫害、疾病、羞辱、窮困，我在這裡，我的父親，我絕不會轉面而去，轉身背對祢，也是不對的。那麼，祢的聖子既以眾人的名義，把我的意志給了祢，我沒有理由不在其中。不過，請賜我祢的恩惠，給我祢的國，使我能奉行祢的旨意，由於祂已為我祈求了，請處置我，一如對待祢之所有，全隨祢的旨意。」（全德之路32．10）

聖德蘭知道她的軟弱，及她應該做的這個大奉獻，祈求天主幫助她：請給我祢的王國，亦即，默觀祈禱的第一種方式——她已說過的寧靜祈禱——像這樣，我在一切事上交出自我，完全信賴祢，祢能隨意處置我，因為我是祢的，我不再屬於我自己。

如此地重提這個奉獻意志的因素之後，她指出第二個效果，靈魂同時轉化成為天主。「這個恩賜多麼有力！如果懷著必須有的決心，這無異於吸引全能者和卑賤的我們合一，轉化我們成為祂，使造物主與受造者結合。瞧！妳們是否有好的賞報！」（全德之路32．11）她清楚地這麼說，把我們的意志完全獻給天主的結果是轉化。這真的意指聖十字若望置於成全高峰的神化境界，在此境界中，靈魂被神化，以神性的方式行動，因為天主的聖意完全占有這靈魂，在萬有中，也透過萬有，天主引導靈魂。在第七住所中，聖德蘭描述，完成此靈魂神化的心靈氛圍。

我們從聖十字若望獲知，有個關於意志神化的問題，意志神化成為天主的意志，因為它只愛天主愛的。因此，它是靈魂的一個「**感情上**」（affective）的轉化。然而，如果直到現在，人只因恩寵的助祐，在天主的旨意上被引導，當他變得成全於愛時，在此意義下，他是被聖神帶領。因此，他的神化，除了是愛的神化之外，也是有效的（effective），因為他的行動因神性的行動而神化。這個有效的神化，來自一個親密的結合，他覺得這結合就在他存有的深處。

然而，一切的終點總是愛，聖德蘭說，天主給予這些恩寵的目的，是堅強我們效法基督的受苦。靈魂被愛催促，極其喜愛天主的恩惠，卻不會留步其中，而是經常急於給予：他覺得對償還天主的慷慨懷有無限的需求。

「**去愛、被愛、讓愛被愛**」，這是成全靈魂在愛德內的渴望。聖女小德蘭已經達到這個結合，這也是天主希望安置我們靈魂的境界，不過，我們必須以完全承行主旨，繼續不斷地打開門。

聖女大德蘭說，天主樂於實現靈魂的意願：「**祂開始以這麼親密的友誼和靈魂交往，**

不僅將靈魂的意志還給靈魂，也把自己的意志交給靈魂。因為在這麼親密交往的友誼中，有時上主欣悅於讓靈魂出命令，如同人們說的，由祂來完成靈魂的請求，如同靈魂奉行上主的命令一般，而上主所做的更好，因為祂大有權能，想做什麼都行，祂的想望都會實現。」（全德之路32．12）

我們發現，在《攀登加爾默羅山》卷三的開頭，聖十字若望有相同的說法：

「在此境界中，記憶和其餘官能的作用全都是神性的。因為天主已占有這些官能，就像是它們的絕對主人，因為它們在祂內神化了，天主按照祂的聖神和旨意，神性地推動和命令它們。那麼，這些官能作用與天主的毫無差別，靈魂做的全是天主的工作，也是神性的作用。為此，……凡與天主結合的，便是與祂成為一神。」（攀登3．2．8）

「天主單獨引導這些靈魂的官能，去做合乎祂旨意與命令的工作，它們也不能轉向別處。所以，這些靈魂的工作與祈禱總是有其效果。」（攀登3．2．10）

第十五章　天主的禮物

「我們的日用糧」

《全德之路》的用心讀者會很快注意到，聖德蘭用三整章來談論這個祈求：「我們的日用糧，求祢今天賞給我們。」更感動人的是她對此祈求的解釋。對她而言，我們的日用糧就是聖體，這說明了她的堅持：由於她希望追溯全德的道路，她必須指出，在追尋全德時，榮福聖體的重要性。聖德蘭是注重實際的人，她了解聖體的價值：最主要的是耶穌真實的臨在，其次是神聖的共融。

這三章的第一章，敘述耶穌臨在我們當中的這個禮物，隨後的兩章談聖事的共融和靈性的共融。

聖體的臨在

第一章（指全書之第三十三章）中，我們發覺，大德蘭努力把本章的思想連結前面的部分，即完全獻出意志給天主；然後她繼續談天父的愛，及耶穌親自給予聖體，最後談地方。這是德蘭靈修生活的核心觀念。

前兩節各自表達相同的思想，力勸我們唸「願祢的旨意承行」時，已經使我們給出很多，因為祂要我們獻出我們的意志，為尋求悅樂天主，這與完全獻出自己是相同的，也包含生活的革新。

舉出實際的例子：「……就像我們告訴生活享受又富有的人，說這是天主的旨意，他應當節制飲食，使其他的人至少有麵包可吃，那些人都快餓死了，除非這麼做吻合他的自私目的，他會提出一千個理由說他不懂。……」（全德之路33・1）

「如果上主沒有提供祂給的良方，真的不知道會怎樣。」（全德之路33・1）因為祂知道，給出我們的意志是艱難的——可是卻又這麼重要，因為是達到完美愛的方法——祂渴望以給出祂的永恆愛情標記，來激勵我們給出自己。

祂的最大愛情顯示在降生奧蹟中，而聖體聖事則使降生奧蹟永遠長存。靠信德生活的靈魂知道，基督留在那裡為幫助我們，祂邀請我去祂那裡，為給我們力量，彷彿再次對我們說：「凡勞苦和負重擔的，你們都到我跟前來，我要使你們安息。」（《瑪竇福音》十一28）

在第二節，聖女更清楚地解釋她的思想：「好耶穌明白，祂為我們給出的是什麼，我們也同樣地給出是如何重要，若要這麼做，我們的最大困難，……，因為我們老是這個樣子，這麼傾向卑賤的事物，又這麼缺少愛和勇氣。而為了使我們覺醒，我們需要看見祂的愛和勇氣，不只一次，而是天天看到，為此，祂下定決心和我們同在一起。」（全德之路33．2）

聖體顯示的不只耶穌的愛，而且是天父的愛。聖女注意到，耶穌請求聖父容許留祂和我們在一起，因為祂只希望承行父的旨意，謙虛地順服祂：「祂願意如此地求得許可。」（全德之路33．2）讓祂永久地臨在於聖體中。在給予這項許可時，聖父的確顯示了祂對我們的愛，因為祂知道，當祂的聖子在世時，我們對祂的忘恩負義，將會因聖體而得到更新。

聖德蘭的公教信仰直覺，呈現在她對榮福聖體的推崇。她不同意神學家們主張，在神祕生活的某個地步，人應該離開耶穌。沒有耶穌臨在於榮福聖體的生活，她無法容忍。

聖事的共融

第三十四章談論的是，大德蘭解釋「我們的日用糧」是什麼意思，這就是麵餅中的聖體，意指不只領受聖體，而且是真實的耶穌臨在於聖體聖事中，因為祂藉這兩者養育我們，她希望我們祈求耶穌常常留下來和我們在一起。

在這裡，她對加爾默羅會隱修女說話，在她們的《會憲》中，她說要信賴天主，如果她們善度儉樸的修道生活，天主會經常供應她們的需求，她力勸她們，不要理會不同的意見，就是那些認為為必須顧慮物質食糧的話語。

之後，她回轉話題，談我們應該在聖體聖事中領受耶穌。很有意思的是，注意到她建議的方法，是神學所支持的，也是一位默觀者的特質——準備好道路，讓耶穌顯示祂自己給靈魂，使靈魂能品嘗祂。這是個建基於神學（theology）的方法，因為是三超德（theological virtues）的修練，使我們置身於和天主的直接交往：信德和愛德。這兩者都受意志的驅使，意指是我們的能力所及的。

信德

為獲得天主願意給的恩寵，一個人必須有接受的能力，信德對他而言，是最好的方法。聖德蘭談她自己，她提及有一個人，她有這麼活潑的信德，她看見——她的意思是用信德的眼睛——在領聖體時，我們的主臨於她，她嘲笑希望活在耶穌的時代，住在巴勒斯坦，用肉眼看見祂的那些人。如果她在聖體聖事中擁有耶穌，她的信德告訴她，那就沒有什麼更多要去渴望的。

信德的修練在於意志的雙重態度：因為當我們願意時，我們能發信德，又因為理智對真理的信奉，取決於我們的意志。我們相信，因為我們願意相信，我們能使這個發信德的行動，成為燃燒熱愛的意志；那時信德是「確實和黑暗的」（攀登2·3·1）。

聖德蘭邀請她的讀者們，在領聖體時，全神專注地發信德：看見基督真的進入他們內，做他們的伴侶，成為他們的食糧。這不是一個想像的畫面，如同在默想時能造作的，也不只是祂有效的臨在，藉此臨在，祂經常使人在祂的影響下；在領聖體時，耶穌真的以祂的至聖人性臨在。因此，聖女注意到，這不是在祂的聖像前祈禱的時候，而是「看著」耶穌真的在我們內，要以祂來愉悅我們。聖德蘭希望我們勤勉地培養這個信德的注視，使之更加充滿愛情。

愛德

除了信德，還必須有愛德，渴望、補贖、結合的愛。最重要的是，對聖體的宏恩大大地開放。天主的來臨有如醫生，我們能向祂敞開所有的心靈需求。

在領聖體時，我們獲得實際的恩寵，去愛得更多。耶穌來和我們結合；所以理當去做的事，是渴望結合，向祂祈求結合。此乃聖神的行動，祂使結合成為可能，三超德把我們置入最佳的就緒，去跟隨祂的行動。

在一個充滿信德和愛德的靈魂內，天主讓靈魂感受到祂自己，給他極渴望慷慨地服事祂，這是不足為奇的。感受不是最重要的，重要的是，如果在那時，天主賜給我們結合的恩寵，雖然也保持我們處於深度的謙辭中。如果我們忠於收心，大德蘭寫道：「**祂的來臨，不會這麼的改變裝扮，……祂也會完全顯示給妳們。**」（全德之路34・12）

靈性的共融

我們稱為「靈性的共融」，是為區別聖事的共融，因為聖事並非實際從中得到共融。靈性的共融，是一個很大的渴望行動，一個人邀請耶穌進入他的心，並且去和祂相遇。

基督在聖體中，祂帶來的不只是祂人性的身體臨在——這確實是一個特別的祝福，雖然從靈性的觀點而言，不是最重要的——而且帶來增多的恩寵，視個人的愛而定。

基督能以祂身體的臨在給這個恩寵——在聖事的共融中——然而，祂做這事，是當一個人極渴望祂進入靈魂來滋養他時，或者，換句話說，實現這個所謂的靈性的共融。

靈性的共融，能成就於剎那間一個單純渴望的動作，靈魂的一個單純呼喊；或者較詳細些，訴說準備好的禱詞和感恩。

聖德蘭誠摯地推薦此修行法，但運用時必須有良好的判斷。如果一個人覺得受感召要增多這些動作，這是極好的，然而靈魂必須不自我限制；尚有其他的方式祈求天主的來訪，及在我們內工作。

在這方面，我們應該注意，聖德蘭的主要思想，是要幫助望彌撒的人。儘管一個人不能領聖體時，如果可能的話，他可以備妥自己，在神父送聖體時神領聖體，以一個熱心動作渴望耶穌的來臨，及在祂內懷著愛。不過，雖然大德蘭明確地說是望彌撒時，從她提出的理由，我們明白她的推薦也適用於彌撒之外。做此修行時，如果遇有什麼困難不要驚慌：「如果從一開始妳們沒有好的進展（這是有可能的，因為魔鬼會使妳們的心受折磨和痛苦，因為牠曉得在此帶給牠的大傷害），牠讓妳們知道，可在別的事上找到更多的熱心，在這領聖體後的收心上，反而找不到什麼熱心。妳們不要放棄這個修行方式；上主會從中證實妳們對祂的愛。」（全德之路35．2）

許多人不認為神領聖體重要，因為他們從未好好地修練過。重要的是，要記得，任何結合的渴望，會在靈魂內注入新的活力，因此，獲益於神領聖體是很好的。

在三十五章的第二部分，我們看到聖女的熱切吶喊，流露她渴望見到耶穌在祂的聖事中受榮耀。在她的時代，異端攻擊、褻瀆聖體，每一次她建立新院，開始一個新的聖體龕，她的賠補精神令她覺得喜樂無比。耶穌的臨在，對靈魂來說，經常是一個得到恩寵的機會。

第十六章　寬恕

「寬免我們的罪債，猶如我們也寬免……」

第三十六章談論人思省天主的仁慈，就是效法天主經常愛他那樣，不顧念他的所有軟弱。

寬恕

簡短地解釋這個祈求之後，聖德蘭確定什麼是我們必須寬恕的。有時，天主允許聖人們遭受很大的傷害，或誹謗，祂也能同樣對我們，使我們修練謙德；不過，這樣的情況並不多，因此，大德蘭不願我們太注意這事，而是要注意其他比較常發生的事。她看出來，生活中的小事，比大事造成更多的痛苦，因為它們的碰觸來自周邊，而且次數更頻繁；其中大多半，是小小的不公平或受傷，來自共同生活，不同的個性、缺少注意、體貼、教育等等。這些冒犯可能來自外界，就是，來自我們的周邊環境，然而，它們也會來自內裡，來自我們的自愛、「愛面子」。

聖德蘭說寬恕冒犯是一個大愛的行動，天主把這事看得很重要，使祂的寬恕取決於此：「上主必定很看重這個彼此間的相愛！其實好耶穌可以先提出其他的德行，說：『上主，請寬恕我們，因為我們做了好多的補贖，或因為我們祈禱很多、守齋、為祢而捨棄一切、我們非常愛祢』；祂也沒有說：『請寬恕我們，因為我們要為祢捨生』，或——如我說的——能說出來的其他事情，卻只說：『因為我們寬恕』。」（全德之路36・7）

寬恕的特質是一個保證，擔保度祈禱生活的人走在正確的道路上；這是純真默觀恩寵的測驗。聖德蘭說，她發覺默觀者總是準備好，去寬恕和愛那些帶給他們困難的人。她解釋其理由：一個人愈在與主結合上成長，也愈覺察天主的仁慈與他自己的不堪當，導致他對別人也懷有慈悲的態度。

我們在所有聖人身上找到這個特質，在我們的時代，聖女小德蘭已成為仁慈之愛（merciful Love）的使者。她看見天主如何率先廣施祂的慈善，這給她力量克服她在隱院內遇到的所有困難。

簡短的綜合回顧

第三十七章稍稍回顧已解說過的，並探討尚未談論的。

聖德蘭重提，〈天主經〉的第一個祈求給她機會談論祈禱的所有等級，從默想到結合的祈禱——活水之泉。「**直到目前為止，上主已教導我們所有的祈禱方式、及崇高的默觀，從初步到心禱、寧靜祈禱、結合祈禱。**」（全德之路37・1）

現在她有用其餘的祈求來解釋祈禱的效果。「**現在，上主要開始讓我們了解這些效果，亦即當恩惠出於祂時，會留下什麼效果。**」（全德之路37・1）若祈禱是純真的不能不產生這樣的果實。

祈禱與德行之間存有因與果的關係。祈禱的效果是愛；如果產生愛的果實，祈禱是好的，否則就是虛弱的。愛本身是雙重的：愛天主和愛近人。愛天主在於經常更深入地說「**願祢的旨意承行**」，意指主動和被動兩方面：被動，接受天主對我們所做的一切，視之為祂要我們歸向祂的邀請；主動方面，慷慨地做祂向我們要求的一切。

聖德蘭認為，一個靈魂是否真愛天主的實際測驗，在於對近人的愛德，這愛建立在他與天主的關係，而不是他個人的特質。基督認為所有為近人做的，都是為祂做的；在兄弟姊妹的愛德中，天主的愛變得具體可見。

基督徒的明顯特質是彼此相愛。有此傳教的工具，一個人能深入將要歸化者的靈魂——因此，這是有效的——這深度愛德的態度總會奏效，儘管他們不感恩。

如果我們對待近人，如同對基督那樣體貼，我們就有了最好的證明，證實我們對天主的愛是純真的。甚至連聖多瑪斯也說，如果我們對於處在天主的恩寵中，不能有形上的確定，我們能有倫理的確定，這來自測驗我們對近人的愛。這是聖德蘭說的最美的事之一。

聖女說，愛近人有不同的等級，但在其中都有寬恕過錯的一面。「**成全者會以其成全的方式獻出意志，也會以我所說的成全方式去寬恕；至於我們，修女們，我們要盡己所能，因為上主接受一切。**」（全德之路37．3）如果人修行把自己全交給天主的旨意，必會經由彼此相愛顯示出來，聖德蘭向我們保證，天主會在祈禱中酬報他，帶他進入與祂的親密。

這樣，聖女提示下一章的主題：我們的生命在繼續不斷地尋找神性的親密。不過，當我們在世上時，我們被困難和魔鬼的誘惑包圍著。脆弱如我們者，我們真的需要受保護，得免於凶惡。

第十七章　誘惑

「不要讓我們陷入誘惑」

在此標題下，大德蘭寫的不只誘惑，也包含一般的磨難。然而，她提出的例子是誘惑，因為磨難的出現，是當人沒有直接歸向天主，如他所應該做的。她說，不必怕它們：當靈魂逐漸地更加成全時，就會比較不怕誘惑和磨難，因為他們知道，在痛苦中，愛會發展。

當聖女小德蘭的姊姊瑟琳背負沉重的十字架，照顧重病的父親時，小德蘭鼓勵她，提醒她，磨難其實是天主愛我們的一個記號。因此，成全的靈魂應該渴望它們，甚於祈求免於受誘惑和磨難，不過，他們也必須祈求不使誘惑傷害他們。

〈天主經〉的這個祈求，也可這麼表達：「天主啊！求祢不要讓我屈服於誘惑。」不要祈求沒有任何的誘惑，惟求不受騙於誘惑。事實上，仇敵魔鬼因人性的複雜而獲益，牠設法隱藏誘惑，直到造成傷害方止。若一個人真的把自己給我們的主，他不能受騙，除非他懷有錯亂的自愛，墮落本性的一個傾向是對誘惑盲目。

假的神慰

約略敘述這個祈求的意思之後，聖德蘭解釋，如果靈魂不警覺，他會陷入一些誘惑。她在這裡說的，主要是指度祈禱生活的人。

魔鬼能欺騙我們，相信在祈禱時所得的安慰來自天主，其實卻是牠捏造出來的。聖德蘭小看這個誘惑：若一個人是謙虛和真誠的，這誘惑傷害不了他，因為如果他相信安慰來自天主，他們會覺得不得不感謝祂，仇敵眼看著自己白費時間，結果就會放他平安。然而，聖女推薦謙虛。人不該認為，在祈禱時，他有任何權利得到特別的安慰；這是不能以自己的努力獲取的，如果尋求它們，他就是在準備自己受騙。

大德蘭在《靈心城堡》第四住所第二章結尾說的話，總是讓我感到震驚。在她教導如何預備好獲得寧靜祈禱之後，她推薦：「妳們做了前面住所必須有的修行之後，謙虛！謙虛！經由謙虛，在任何我們渴望祂的事上，祂讓自己被征服。是否有謙虛，首先要看的是，不要想妳們堪當從上主得到這些恩惠和享受神味，要想妳們不配在今世獲得。」（靈心城堡4・2・9）這並沒有和她已說過的自相矛盾：我們記得《全德之路》之前的幾章力勸我們——凡在於我們的事，只要不存傲慢——要準備獲得默觀，並等待天主的賜予，當祂願意時，祂會賜予。要緊的事情，是知道沒有必要渴望神慰；若人不去尋求它們，即是處在接受天主仁慈的最佳境況，而且，如果他一向滿足於天主的賜予，他不能受騙。

還有另一個更嚴重又普遍的誘惑，那些切望成全和獲得德行的人，他們相信已經擁有它們。這些比其他的誘惑更狡猾，也更加危險，因為，當人認為他是在給予天主時，其實他是領受者。他以為自己有權利超越祂；他不努力去修德，因為他自認為已經德行完備，因此他逐漸虛弱。

大德蘭從自己的經驗取出這個勸告，用來說明這事。實踐德行時，她有許多的困難，無論是來自她的健康，或生活的外在環境。

在這些困難中，慷慨的大德蘭實踐德行；看到她謙虛地坦承自己的軟弱，這是很美的。「有時候，我自認勇氣十足，舉凡服務天主的事，都不會反臉；經過考驗，確是這樣，我是能做點什麼事的。到了另一天，若遇有反對的事，我連為天主殺死一隻螞蟻的勇氣都沒有。同樣，有時候，我根本不在意別人的閒言閒語，對我議論紛紛；經過考驗，也往往得到印證我是這樣的，其實我反而從中感到高興。然而，遇到某些日子，只一句話就會使我愁苦，並盼望離開塵世，因為彷彿事事都令我疲憊。……誰能說自己有德行、或富有德行呢？……不是的，修女們，我們要常常念及自己的真相。」（全德之路38・6—7）

依靠自以為有的德行，以之為堅固的基礎，這是一項錯誤。例如聖德蘭・麗達，她畢生努力修德，至死不渝，甚至當她已經進入神祕生活亦然。

聖女大德蘭說，為了消除這個誘惑，應該祈禱，及不要太自恃有德行，也要記得，德行是天主的恩賜。聖女小德蘭提示一個很好的註解，說明會母的思想，她說，德行是天父給的寶藏，是祂把寶藏放在祂子女們的手中，不過，這些寶藏仍然是祂的。

事實上，當德行在靈魂內成長，它們往往因著聖化恩寵的加深而成長，因為德行是靈魂的「習性」（habits）。如果我們細察德行的單一行動，我們知道，每個德行都必須有個主動的恩寵（actual grace）；至於實踐英豪的德行，則必須有聖神七恩：因此，就我們而言，我們什麼也做不到。在祈禱中，我們有時覺得的渴望是很好的，然而，這只不過是德行的開始；因為德行必須付諸行動，才會生效。

聖女舉出一些例子：魔鬼能讓我們相信自己有忍德，然而遇有試驗，所有的忍耐煙消霧散。或者，我們能養成習慣說或相信，我們什麼都不需要，也不在乎任何事，其實並不是真的這樣。因此大德蘭勸告要警覺，並且向我們保證，若一個靈魂完美地修成一個德行，其他的也會隨之而來。正是為此之故，靈修作家勸告說，要全力專注於修練一個德行：努力修得一個，就是修得全部德行。

假謙虛

第三十九章中，聖德蘭繼續談論隱藏的誘惑，如假謙虛，使靈魂陷於紛擾不安。謙虛是德行，使事事各就其位，有則有序。我們在天主面前的地位是小孩子。當基督要教導謙虛時，祂叫來一個孩子，指給宗徒們說：「除非你們變得相似孩童，你們決不能進入天國。」祂要我們覺察自己的微小和軟弱，像小孩子一樣，害怕狗而投入母親的雙臂。在那安全的庇護中，他不怕野獸，我們也能同樣投入天主懷中，說：「**親愛的主，我多麼需要祢！我事事仰望著祢！**」

有時，不信任的感受只湧自我們的過度敏感，這是能克服的，不過，魔鬼也可能介入其中。低沉沮喪是向魔鬼開放的一扇門。牠知道，騷擾降低我們愛的能力，牠的目的確實是不讓靈魂在愛的道路上進步。魔鬼使用這個圈套，特別針對無法害他犯罪的靈魂。

因此，聖女要我們腳踏實地：「女兒們，妳們也要防備，一些魔鬼放進來的謙虛，會令人感到罪惡深重，而極度不安。這種情況以多種的方式，經常折磨人，竟至叫人斷絕領聖體，及放棄修行私下的祈禱。由於魔鬼的唆使，讓人覺得不配這麼做。」（全德之路39 · 1）

聖體 · 瑪利修女（瑪利 · 葛林）經過甚至不去領聖體的誘惑之後，她成為一位喜樂又寧靜的修女。她的表姊聖女小德蘭，在一封信中勸她要信任，絕不要為了這些怕懼而不領聖體。

「到了要領至聖聖體時，原本用來領受恩惠的時刻，卻消耗在懷疑自己有否做好準備。事情的結局是，促使一個靈魂認為，由於他這樣，天主徹底地拋棄了他，幾乎使他懷疑天主的仁慈。所觸及的事事物物，他都覺得危險，他的服事，不論多麼好，也都沒有果實。導致他多疑不信，由於什麼都做不好，所以袖手旁觀；因為他想，在別人身上是對的，到了他就不對了。」（全德之路39．1）

「女兒們，關於我要對妳們說的這一點，要多多注意，因為有時謙虛和有德行，能使妳們自覺如此卑劣，這是另一個極大的誘惑。因為我已經歷過了，對這事清楚得很。謙虛不會使靈魂焦躁、不安或擾亂，無論是多麼大的謙虛；而是帶來平安、愉悅和平靜。即使一個人看見自己是卑劣的，清楚明白活該下地獄、受折磨，他也認為，遭人憎惡完全是公道的，幾乎不敢求人饒赦，如果是好的謙虛，這個痛苦會伴隨一種內在的柔順及滿足，我們不願看到自己沒有這痛苦。這不會擾亂和折磨靈魂，反而擴大靈魂，使之有能力服事天主更多。另一種痛苦全是慌亂，全是騷亂不安，整個靈魂翻攪難安，是非常痛苦的。我相信，魔鬼故意讓我們自以為謙虛，如果牠做得到，反過來，使我們不信賴天主。」（全德之路39．2）

聖女大德蘭告訴我們要怎麼辦？「當妳們遇有這樣的情況時，要盡己所能地，不去想妳們的可憐，而要想天主的仁慈，想祂愛我們及為我們受苦。」（全德之路39．3）如果你連這個也做不到，那唯一能做的就是忍耐，把你的痛苦獻給天主。

過度的補贖

關於補贖的另一個誘惑，就是些那些在服從之外所做的補贖，如果能受服從約束，受騙的危險不多。

肉身的補贖是好的，也必須有益於我們，不然的話，聖德蘭不會在女兒們的生活中放進這麼多的克苦。但是，它們只是內在奉獻的附屬品。我認識一位很好的初學導師，當她發覺一位初學生對服從稍有偏離時，立即禁止她的所有補贖，為讓她了解，奉獻個人的意志才是首要的。為了做補贖而不能盡責，這是錯誤的。身體的補贖要按個人的職責和體格受限制。因此，聖女不認同沒有服從的補贖。

如果有人做已被禁止的補贖，這顯然是受騙。他的補贖，按聖十字若望的強烈說法，是「**野獸的**」補贖。

過分自信

這個誘惑的反面，是一個靈魂自視卑微而過度低沉；這裡則是對自己太確信，自認為絕不會再跌倒。

聖德蘭要我們決心不犯大罪，甚至不犯明知故意的小罪，無論是多麼微小的罪；雖然如此，我們絕不該相信自己完美無罪，也不該信靠自己，該信賴的只是天主；否則，我們會付出可觀的代價。當聖女小德蘭註解聖經的愛德章句，對姊妹之愛做了很美的解釋時，她已經達到聖德，她提及自己所體驗的不成全傾向，雖然她已達到成全的境界。這事證實我們的本性常是受傷的，帶著原罪的後果。

最後，聖女大德蘭重覆說：「不要讓我們陷入誘惑」，祈求天主使我們免於隱藏的誘惑。對於在祈禱生活中會遇見的誘惑，她以充滿良好判斷的小小觀察來結束本章：對度內修生活之人的受誘和受騙，世人感到驚奇，卻對世俗之人懷有的誘惑置之不理。

第十八章　愛和敬畏天主

針對魔鬼的誘惑，欺騙和驚嚇靈魂，在全德的路上放慢腳步，聖女大德蘭提出兩項良方：愛和敬畏。「愛加速我們的腳步；敬畏使我們看清前行的路，不致在障礙重重的途中跌倒。」（全德之路40・1）敬畏不是奴隸似的怕懼，害怕主人不高興，擔心會受罰；而是孝愛的——像小孩子，不願給他所愛的父親最小的痛苦。聖十字若望對此事說得極其清楚㉚。

默觀者的愛

請注意，聖德蘭如何介紹這個主題：由於愛是防備誘惑的最佳解藥，非常重要的是擁有愛，而且知道我們有愛。

這裡，顯然地，由於聖女與當代的神學家交往，她的指導者當中，博學者如著名的道

30. 參閱《靈歌》26・3。

明會士，巴臬斯神父（Fr. Bañes），多少受到他們的影響。那時正好結束特利騰大公會議，大公會議的羅馬修會法令（the institution of th Roman Congregation of the Council）到處介紹其教導和實踐。恩寵的主題已在大公會議中論述，也討論了關於擁有恩寵的確定性問題。我們能在此看到此事的痕跡。

聖女以神學家的精準性講述，她敏銳的理智了解，由於擁有恩寵和擁有愛德是相同的一回事，如果一個人確實擁有愛德，他也必定擁有恩寵。無論如何，神學家的確教導，如果我們不能有建立在證據上，非常精準的確定，我們還能有倫理和修行的確定——對這事解釋得最清楚的，可能就是撒拉曼加的神學家們。聖女加上這話：「不過，修女們，請注意，有些記號似乎連瞎子都看得到；它們並不隱祕；雖然妳們不願認出它們，它們卻放聲喊叫，非常引人注意……」（全德之路40．2）

這是聖多瑪斯的教導，經撒拉曼加神學家們的詮釋，他們教導說，靈魂能得到擁有愛德的實際證據，因此而處在恩寵的境界，如此即是寧靜地繼續前進。

大德蘭提出這些記號：「凡真愛天主的人，愛所有的美善，渴望所有的美善，幫助一切的美善，讚頌所有的美善，他們經常結合、恩待和保護良善的人。他們只愛真理，及值得愛的事物。」（全德之路40．3）他們是這樣的靈魂，除了天主的事物，他們對什麼都不再感興趣；這是個明顯的證據，他們屬於天主，對世界毫不執著。

我們很高興看到，談及這個傾向一切的美善，傾向天主的光榮，聖德蘭稱之為最至極的愛德工作，就是，在有關服事天主的事上，幫助近人。在《靈心城堡》中，她說對近人的愛德，是我們擁有天主之愛的證明㉛。

一個只充滿天主事物的人，再不能對世上的事物有興趣。「妳們認為，真的非常愛天主的人會愛虛榮，這是可能的嗎？不可能的，他們不可能愛財富、世物、享樂或榮譽；也不可能會爭鬥和嫉妒。全是因為除了中悅心愛的主，他們不追求什麼。這些人因渴望心愛主愛他們，而瀕臨死亡，因此，他們付出一生，尋求如何能更悅樂祂。愛會隱藏起來嗎？啊！至於天主的愛，若是真的，是不可能的！如果不是這樣，請看聖保祿或德蓮。三天之內，其中的一位，就開始了悟他已因愛成疾；這位就是聖保祿。德蓮則是從第一天起，她了悟得多麼透徹啊！愛是這樣的，會有較多或較少的差異，所以，對愛的洞察乃根據擁有愛的強度：如果愛少，別人的洞察也少；愛多，洞察也多。不過，無論是少或多，若有天主的愛，往往會被認出來。」（全德之路40．3）那麼，這愛在靈魂內喚醒這唯一的專注：天主！當她發現自己內的這個記號，實際上，她肯定她有天主的愛。

聖女是對著默觀者說的，並且主張他們的愛必定不虛弱，必須是強有力的；這是默觀的地基，默觀的光明往往必須有相當強烈的愛德，使人經由愛的體驗徹入天主，而非經由觀念。聖十字若望論及神婚，強調這個境界必須有強烈的愛，此愛係靈魂在神性的影響下

31. 參閱《靈心城堡》5・3・8。

獲得的[32]。

這樣的情況必會顯示出來，流露出對天主事物的一股很大的內在驅力。這是一個保證，擔保靈魂得到的默觀恩寵真的來自天主。

這個確定非常重要，因為魔鬼設法引發無益的怕懼；牠常是擾亂的播種者；因為會使人完全失去冷靜和專注於天主。為此，如果魔鬼不能讓人犯罪，牠會努力至少加以阻礙，牠以兩種方式下手：①）引發對祈禱生活的害怕，及②）降低我們對天主慈善的看法。

培育愛德

如果愛德這麼重要，我們要如何培育它成長呢？一個很大的幫助是確信我們的愛是回報的。當靈魂尋找天主時，天主更是在尋找他[33]；如果靈魂愛天主，天主更是多麼愛靈魂。聖女大德蘭說，我們的愛是「建立在這樣的地基上……對此回報的愛，是不能懷疑的，因為這愛已毫無隱蔽地顯示出來，流露著受盡好大的痛苦、折磨，並且傾流鮮血，捨生至死，因此，不容我們對這愛有絲毫的懷疑。」（全德之路40．7）

啟示教導我們降生成人、恩寵、聖事、聖體，都是天主深愛我們的明顯標記。這些奧蹟，藉著教義的教導，並以禮儀繼續紀念，是愛天主的一個強烈激勵。讓我們留意教理與奧蹟

32. 聖十字若望，《靈歌》30．2。
33. 聖十字若望，《愛的活焰》3．28。

之間的合一：一方面是信仰的確定，另一方面則是推動人徹入這些奧蹟的默觀經驗。

成全之愛的益處有許多，然而聖女大德蘭特別指出一個：「但願至尊陛下在我們離世之前，賜給我們這愛，因為到了臨終時，看見審判自己的，就是我們愛之超越萬有的那位，這可是一件大事。審判罪債時，能使我們平安無事。不會像到了異國他鄉，而是像在自己的本家，因為是在我們這麼愛祂、祂也這麼愛我們的地方。」（全德之路40・8）

接著，大德蘭的使徒精神使她想起不以此愛生活的人，而可憐他們的悲哀命運——一個新的激勵，要去度成全之愛的生活。

結束這一章時，她提及，已達圓滿靈修生活者的死亡：「女兒們，我們不要渴求愉悅；我們在這裡好得很；只不過是在糟糕的客棧留宿一夜。我們要讚美天主。要勉強自己在今世做補贖。誰若為自己的全部罪過做了補贖，不必下煉獄，他的死亡是多麼甜蜜啊！」（全德40・9）她的意思是，已達到神化之愛的靈魂，有時候，在聖神的推動下，感到對天堂的渴望，他們的死因不是來自身體，而是因愛的衝勁，最後使靈魂離開身體，聖十字若望也說同樣的話㉞。聖德蘭說：「甚至從今世起，就開始享受榮福！妳們不會覺察自己內有害怕，而是完全的平安。」（全德之路40・9）

34. 聖十字若望著《愛的活焰》1・30。

敬畏天主

另一個對抗誘惑的武器是敬畏，這是聖神七恩之一，如上智。當敬畏是完美的，愛也是完美的。大德蘭按照相同的順序解釋敬畏，就如她解釋愛德：其顯示、修得敬畏的方法、及其益處。

敬畏不會突然間成熟；只能逐漸地茁壯和堅強。「當靈魂已達到默觀，……敬畏天主也變得極為明顯，一如愛德；這德行並非掩飾起來的，甚至連外表也昭然若揭。」（全德之路41・1）

由於聖女主要是寫給默觀者，她描述這些已經成為天主密友的靈魂，他們應有的敬畏特質：「無論妳們多麼留神地觀看這些人，絕看不到有什麼粗心大意之處，不論多麼細察他們，上主如此地守護他們，若是遇有他們最愛的事物，也不會明知故意犯小罪。而大罪則有如烈火，令他們害怕。」（全德之路41・1）因為在默觀中，有聖神的特別助祐，祂指導並支持靈魂。

她說，他們不會明知故意地犯一個小罪，就是說，深思熟慮、有意識地去犯罪。深思熟慮的不成全亦然，在實行時，我們不用區分小罪和不成全，雖然就神學而言，兩者有所不同。

有的小罪是我們沒有注意的：「至於小罪則小心翼翼，不要違犯；這裡指的是明知故犯的小罪，至於非明知故意的，誰會沒有很多無意的小罪呢？」（全德之路41・3）當然，問題在於令天主不悅的小事。「有種小罪是明知故意的，是經過相當的深思熟慮；另一種則是那麼快速，犯小罪和覺察出來，幾乎同步發生。」（全德之路41・3）我們已感到震驚；對於我們的軟弱和脆弱，「我們無法知覺。」（全德之路41・3）

這甚至能發生於聖善的靈魂。大德蘭坦承一個這類的過錯，這是在她臨終前幾個月發生的，有一天，她因生病發燒與耗損，對一位修女的不謹慎請求失去忍耐，而表現在面容上。她在一張小字條上，向依搦斯姆姆訴過，由於她的卓越謙德，欣喜於被看到不成全。我們總不要被自己的脆弱嚇到：我們愈微小，如果我們承認的話，天主愈會來和我們相遇，也愈親自完成祂的工作。這類的小罪常是靈魂修成大德行的機會。

故意的小罪完全是另一回事。雙眼明睜，去做明知天主不要我們做的最小事情，是很可怕的。「然而，那顯然是明知故犯的罪，不論多麼輕微，但願天主解救我們，免陷於其中。……在這一類的事上，我不認為可視之為不算什麼；所犯的罪過可能是輕微的，卻是非常、非常的嚴重。」（全德之路41・3）從愛的觀點看來是這樣的。

神學家說，故意的小罪使靈魂的愛德冷卻。熱烈的愛德是堅心定志取悅天主；故意的小罪恰恰相反：意志停止飛向天主，或至少降低飛行。所以，一個過失可能很微小，但卻造成嚴重的後果。因此，我們必須堅決地不犯故意的過失。

如何獲得敬畏天主

「修女們，請注意，為了天主的愛，如果妳們想敬畏天主，了悟冒犯天主是多麼嚴重的事，是很重要的，並且妳們要經常加以深思細察……」（全德之路41・4）

聖依納爵有很好的理由，把默想罪放在《神操》的第一部分；確實地，深思細察什麼是不悅樂天主的事，我們會獲得這個敬畏，天主的愛會在我們內發展。「將這敬畏深刻於己內，是非常必要的；雖然，如果真的有愛，很快就會獲得敬畏。」（全德之路41・4）敬畏天主充滿洋溢著這愛，願意完全奉行天主的旨意。一個愛天主的靈魂，甚至連最小的事，都擔心違背天主的旨意；因此，這個聖善的敬畏是愛天主的標記。

這份孝愛的敬畏天主使人結實纍纍。第一，是把地獄踩在腳下，因為魔鬼不再能傷害他。牠們的目的是拖他犯罪離開天主，如果無論代價如何，他堅決不冒犯天主，魔鬼就無法得逞。

在如此的靈魂內生出聖善的自由精神。

尚未達到這個堅定決心之前，他必須繼續保持警覺，因為任何的遭遇都可能是他犯罪的機會。他的敬畏是靈性的，的確，但卻不是完美和純孝愛的：他仍然有些害怕不討別人歡心，這多少令他覺得笨拙和拘束；而現在他能夠比較不膽怯。他不求人的尊敬，因為他不怕表達自己全屬於天主，而且是以完美的自由去表現。聖女大德蘭從她的生活中，留給我們一個很美的例子，即沒有拘束的自由，因為人人都知道，她對待所交往的人是如何單純、親切和自然。

「我所說的這事，若是我們能了解，就不必這麼的畏縮和緊張，上主會救助我們，已修成的習慣也有助於不冒犯祂。此外，要懷有聖善的自由，和義人來往，即使他們是散心娛樂之人。因為，在妳們對天主懷有這真實的敬畏前，那些人是妳們的毒藥，會殺死靈魂，後來卻往往使妳們更愛天主和讚美祂，因為，祂從妳們目睹的明顯危險中，救出了妳們。如果先前促成那些人的軟弱，妳們也有分，現在則有助於他們，使之在妳們面前有所約束，這事的發生，並非他們想要給妳們面子。……」（全德之路41・4）

「妳們要竭盡所能，不冒犯天主，盡力和藹親切，也要曉得如何對待所有和妳們交往的人，使之喜愛妳們的言談，渴望妳們的生活方式和作風，不致使人害怕，而被德行嚇到。」（全德之路41・7）

第十九章　渴望天堂

「但救我們免於凶惡。阿們」

我們祈求免於凶惡，因為基督親自教導我們祈求這事。聖女大德蘭注意到這點，也渴望得免於凶惡，我們要來探討她所說的凶惡意指什麼。

為了解她的解釋，我們必須記得，在寫《全德之路》時，她在靈修生活上已到達的境界。如果我能說說我的意見，我認為要是她再過十四或十五年後寫，她不會用「凶惡」來指塵世的生活，因為到那時，她已達到神婚之境，她在《靈心城堡》描述得很好，她對於現世生活的想法改變了。

《全德之路》寫於一五六二年，那時她尚未達到神婚；她處於神訂婚的階段㉟，此一階段仍屈服於苦難，為此她渴望免除生活中的凶惡，也嚮往升天。

大德蘭論及身體和倫理的凶惡，明確地說，我們不要執意要求天主除去身體方面的凶惡，就是說，身體的病痛、磨難等等，這些甚至能對我們有大益處。世人可能做此祈求，

35 大德蘭比喻神祕結合的靈修進程，為結婚的三個階段：相遇、訂婚和結婚。聖十字若望使用相同的比喻說法。

然而對祈禱的靈魂而言，不可能祈求免於這些痛苦，因為她知道如何從中取得寶藏。靈魂祈求的是免於倫理的困苦；這就是，在面對天主的邀請時我們的軟弱，當我們仍在此世，很難完全免除凶惡。

> 「修女們，由於我們缺少這麼多的美善，又遠離祂，在今生，我們能找到什麼好的嗎？上主，請救我免於這個死亡的陰影，免於這麼多的磨難、這麼多的痛苦、這麼多的變化不定……請救我現在得免於一切的凶惡，並樂意帶我到那幸福圓滿的地方。」（全德之路42．2）儘管她認真地渴望不給天主最小的不悅，但她仍然寧可不要活在會開罪天主的現世；她渴望升天堂。

不過，到了她穩立於神婚時，這個自然發出的渴望不見了。在寫《全德之路》時，大德蘭的靈魂如聖十字若望《靈歌》開始時描述的㊱，她尋求與天主結合，所渴望的只是愛祂，她祈求除去不能完全愛祂的一切。因此，她祈求免除的凶惡，即是生活本身，因為還是有可能失去天主，不容許我們繼續地享有天主。

聖女特別提及，那些已在默觀中嘗到天主的人，這份擁有的欣喜愉悅，促使他們去光榮天主，也渴望死亡以達到生命的圓滿。「他們也不想活著，因為有這麼多的障礙，阻止人享有這麼多的福樂」（全德之路42．3）；然而看到他們不能死，他們因不能死而死。㊲聖德蘭在一五七二年達到神婚，且有十年之久活在此一境界中。全然成熟、處於此境的人，

36. 聖十字若望，《靈歌》：心愛的，祢隱藏在哪裡？……
37. 參閱聖女大德蘭詩・1：「Vivo sin virvir en mi, y tan alta vida espero, que muero porque no muero.」「我生活，卻不在我內生活，我期待多麼崇高的生命，我死，因為我不死。」

他整個人接受天主的主導，雖仍自覺卑微，但卻使德行強壯。他感到被天主帶領，他的軟弱和天主的能力結合；因此，他體驗深度的平安。他不再想他自己，他想的是，在堅強他的天主內，他能做什麼，如聖保祿說的。他確立在恩寵中，確保永不再失去天主的友誼。也明白，活在今世的痛苦和犧牲當中，他能獲得更高等級的愛，他渴望繼續受苦，因為他所得的愛的等級，會在他死亡的剎那存留至永恆。

在聖德蘭生命的最後幾年，她確實不缺少痛苦，無論是身體或倫理上的。她甚至遭受來自家族的痛苦：她表親的女兒瑪利亞・包迪忠塔（María Bautista），還有她的侄女德蕾西塔（Teresita），對她很冷漠。儘管有這一切的痛苦，我們看到她靈魂處於完全的寧靜中，全然順服天主。在她的《靈修見證》㊳的最後一則（一五八一年寫給 Osma 的主教 Don Alonso Velasquez），她描寫自己生命最後幾年的靈魂狀況。建立在很深的平安中，她說，自己的唯一渴望是承行主旨：「**這個順服主旨對我有這麼大的力量，如果不是由於有時渴望看見天主，我的靈魂既不渴望死亡，也不渴望生活。**」只有在聖神的行動下，當她陷入神性之愛的洪流，她真的渴望死而達到生命的圓滿，完全擁有榮福聖三——聖十字若望在《愛的活焰》中描述的一個經驗：「**撕破此紗，甜蜜相遇。**」然而，不同於這些衝動，大德蘭生活在最完全的順服中。那麼，塵世的生命不再是凶惡，而是在愛內成長的機會。

聖女大德蘭以渴望天堂，結束她對〈天主經〉最後一個祈求的解釋。天堂的生命純然

38.《靈修見證》，是聖女大德蘭的靈修筆記，記載她的靈修經驗，從 1560-1581，是一份很寶貴的靈修資料。

是天主的榮耀和光榮，想到這事，使她在此吶喊：「這是多麼不一樣的生命啊！」不過，對已經達到因愛在天主內神化的靈魂來說，甚至連現在的生命也變成天堂：就是開始永恆的生命。

第二十章 結語

《全德之路》的最後兩頁，聖女大德蘭回顧整本書，讓她的靈魂自然地真情流露。在此追溯的瀏覽之下，令她震驚的是，天主讓她理解〈天主經〉中蘊含的深奧道理：全德的整個道路，從開始直至靈魂喝到活水泉。

她了解，全德的道路是達到神性結合的默觀之路，也是指導天主託付給她的靈魂的終向，雖然她知道，不是所有的人以相同的方式得到默觀的恩寵。因此，當她論及完美的默觀時，提出參考她的《自傳》，以補足在《全德之路》中沒有解釋詳盡之處。因為在《全德之路》書中，她談論的是比較低層次的祈禱，包括寧靜的祈禱，從而打開通往更高等級的途徑。如果她已在《全德之路》中寫了，後來她會提及在《靈心城堡》，她綜合了之前已寫過的祈禱道理。

大德蘭確信，是我們的主親自教導她，〈天主經〉是何等的深奧，她為此而頌揚祂：

「修女們，現在請看，在我開始對妳們說的、教導妳們和我的這條路，上主怎樣除去困難，賜我了悟，當我們唸這段福音禱文時，我們的祈求是很多的。願祂永受讚美！這是確實的，

〈天主經〉蘊含這麼大的祕密，從來不曾進入我的心思意念中；妳們已經看得出來，其中包含整個的靈修道路，從開始直到天主使靈魂完全著迷，賜予靈魂暢飲活水之泉，可以說，這是路程的終點。」（全德之路42・5）

現在我們也能用一致的觀點來看《全德之路》的美麗結構。前三章，聖德蘭簡單地描述與天主結合的理想，最主要的，是以祈禱來實現這理想。然而，憑她的全部經驗和辨識力，她知道，談默觀若不奠定確實的德行基礎，無異於建立在砂地上；因此，從第四章到第十五章，她非常實際地談論她認為的基本德行：愛德、超脫萬物和自我、謙虛。在此堅固的基礎上，她敘述祈禱的道路和等級，肯定地說，如果一個人勤勉地做好準備，天主會讓他喝到那活水泉，亦即默觀。不是人人以同一方式和程度喝這水，不過，天主一定會讓所有的人喝：祂不會以河流滿足所有的人，然而，至少會給他們幾滴水，絕不會讓他們渴死。

天主是否讓祂的行動被覺知，這並不重要，重要的是，如果一個人備妥自己，祂會來幫助他，這是一定的。天主沒有許諾給每個人寧靜的祈禱，但是祂會給祂的感召，而且相當可能，如果一個人繼續準備自己，不只修德，而且也祈禱，當他說：「願祢的旨意承行」時是認真的，天主會真的給予灌注的祈禱。

聖女對於剛完成的這部書感到欣喜。然而她不認為自己做了什麼，轉而光榮天主：「至尊陛下清楚知道，如果不是祂教導我說什麼，我的理智是沒有能力辨到的。」（全德之路

42 · 5）如果首先得到這部名著的修女們理當感謝天主，對於這麼一本達到靈修全德的實用指南，我們也要感謝天主。

「願上主受讚美和頌揚；我們所說、所想、所做的一切美善，都是從祂而來。」（全德之路42 · 7）當我們追溯祈禱之路時，我們由經驗得知，我們內的一切美善全來自天主，我們應該把所有的一切獨歸於天主。

財團法人天主教善牧社會福利基金會
GOOD SHEPHERD SOCIAL WELFARE SERVICES

電子發票捐善牧，發揮愛心好輕鬆

您的愛心發票捐，可以幫助

受暴婦幼　得到安全庇護

未婚媽媽　得到安心照顧

中輟學生　得到教育幫助

遭性侵少女　得到身心保護

棄嬰棄虐兒　得到認養看顧

消費刷電子發票
捐贈條碼
愛心碼：
8835（幫幫善牧）

102年起消費說出
「8835」
（幫幫善牧）
愛心碼

當您消費時，而店家是使用電子發票，您只要告知店家說要將發票捐贈出去，或事先告訴店家你要指定捐贈的社福機構善牧基金會**8835**，電子發票平台就會自動歸戶這些捐贈發票，並代為對獎及獎金匯款喲！

消費後也能捐贈喔！

如何捐贈紙本發票？

- 投入善牧基金會「集發票募愛心」發票箱
- 集發票請寄至：台北郵政8-310信箱
（劉小姐：02-23815402分機218）

諮詢專線：(02)2381-5402
劃撥帳號：18224011
戶名：天主教善牧基金會

等待天使…

慶祝聖女大德蘭五百年誕辰

新譯加爾默羅靈修經典

星火文化購書專線：02-23757911分機122

聖女大德蘭自傳
Teresa of Avila: The Book of Her Life
聖女大德蘭◎著
加爾默羅聖衣會◎譯

愛的活焰
The Living Flame of Love
聖十字若望◎著
加爾默羅聖衣會◎譯

聖女大德蘭的靈心城堡
The Interior Castle
聖女大德蘭◎著
加爾默羅聖衣會◎譯

聖十字若望・心靈的黑夜
The Night of Soul
聖十字若望◎著
加爾默羅聖衣會◎譯

聖女大德蘭的全德之路
The Way of Perfection
聖女大德蘭◎著
加爾默羅聖衣會◎譯

攀登加爾默羅山
The Ascent of Mt. Carmel
聖十字若望◎著
加爾默羅聖衣會◎譯

走進倫敦諾丁丘的隱修院
Upon This Mountain
瑪麗・麥克瑪修女◎著
加爾默羅聖衣會◎譯

聖女大德蘭的靈修學校
St. Teresa of Jesus
賈培爾神父◎著
加爾默羅聖衣會◎譯

聖女大德蘭的建院記
St. Teresa of Avila:
The Book of Her Foundations
聖女大德蘭◎著
加爾默羅聖衣會◎譯

聖十字若望的靈歌
Spiritual Canticle
十字若望◎著
加爾默羅聖衣會◎譯

愛的旅途
Journey of Love～
Teresa of Avila's Interior Castle
尤震・麥卡福瑞神父◎著
加爾默羅聖衣會◎譯

祈禱的美麗境界
祈り
奧村一郎神父◎著
加爾默羅聖衣會◎譯

聖女大德蘭的祈禱學校
Orar con santa Teresa de Jesús
方濟各・沙勿略・桑丘・費爾明◎著
韓瑞姝◎譯

愛，永遠不會滿足
St. John of the Cross：
the saint and his teaching
費德立克・路易斯・沙爾華多神父◎著
加爾默羅聖衣會◎譯

歡迎來到加爾默羅會
Welcome to Carmel A Handbook for Aspirants
to the Discalced Carmelite Secular Order
麥克・格利芬神父, 佩琪・威爾金森◎著
加爾默羅聖衣會◎譯

神祕經驗知識論的兩盞明燈
聖女大德蘭及聖十字若望
關永中◎著

國家圖書館出版品預行編目資料

從祈禱到全德之路：詮釋聖女大德蘭《全德之路》最精采的 20 堂課 / 賈培爾神父（Gabriel of St. Mary Magdalen, O.C.D.）著；加爾默羅聖衣會譯 . -- 二版 , -- 臺北市：星火文化有限公司，2022.12
面； 公分 . --（加爾默羅靈修：25）
譯自：The way of prayer : a commentary on Saint Teresa's way of perfection

ISBN 978-626-96843-2-8（平裝）

1.CST: 德蘭 (Teresa, de Cepeda Y de Ahumada, Saint, 1515-1582) 2.CST: 天主教 3.CST: 靈修

244.93　　111020397

加爾默羅靈修 025

從祈禱到全德之路： 詮釋聖女大德蘭《全德之路》最精采的 20 堂課

作者	賈培爾神父（Fr. Gabriel of St. Mary Magdalen, O.C.D.）
譯者	加爾默羅聖衣會
封面設計暨內頁排版	Neko
編輯	陳芳怡
總編輯	徐仲秋
出版	星火文化有限公司
營運統籌	大是文化有限公司
業務企劃	業務經理林裕安 · 業務專員馬絮盈 · 業務行銷李秀蕙 行銷企劃徐千晴 · 美術編輯林彥君 讀者服務專線：（02）2375-7911 分機 122 24 小時讀者服務傳真：（02）2375-6999
法律顧問	永然聯合法律事務所
香港發行	豐達出版發行有限公司 Rich Publishing & Distribution Ltd 香港柴灣永泰道 70 號柴灣工業城第 2 期 1805 室 Unit 1805, Ph. 2, Chai Wan Ind City, 70 Wing Tai Rd, Chai Wan, Hong Kong 電話：21726513 傳真：21724355 email：cary@subseasy.com.hk
印刷	韋懋實業有限公司

2022 年 12 月 27 日二版　　Printed in Taiwan

ISBN 978-626-96843-2-8　　定價／ 300 元

感謝羅馬聖若瑟加爾默羅聖衣會隱修院（Monastero S. Giuseppe Carmelitane, Scalze, Roma, Italia）授權翻譯。